# La Salvación

## (Y Como La Mal Interpretamos)

# La Salvación

## (Y Como La Mal Interpretamos)

Por

Kenneth N. Myers

Traducción por Pilar Santos

Mayeux Press
DENISON, TEXAS

*La Salvación (Y Como La Mal Interpretamos)*



Myers, Kenneth Neal, 1959-
La Salvación (Y Como La Mal Interpretamos)/Kenneth N. Myers

1. Soteriología 2. Teología Cristiana

Diseño de portada: Neal Mayeux
*La crucifixión por* Gustave Doré

Publicado por Mayeux Press
561 Bailey Drive, Denison TX 75091

Para el abigarrado equipo de r/christianity

silouan
funny_original_name
partofaplan
namer98
Jo_Nah
p1k4chu
US_Hiker
Average560
Kidnapped_David_Bal4
gingerkid1234
BranchDavidian
Aceofspades25
WC_Cowpony
Irondog 1970
thephotoman
KSW1

# Agradecimientos

Gracias al clero y al pueblo de la Iglesia de la Resurrección, en Sherman, Texas, que me han apoyado fielmente en el ministerio de la enseñanza.

Gracias al pastor Josh Burton, quien me ayudó a intercambiar ideas sobre este libro.

Gracias a Scott Rudy por la edición, revisión y sugerencias.

Gracias a mi esposa Shirley, quien no flaquea con su apoyo incondicional.

Gracias a Tom en el Hotel Luz en Yucatán, en Mérida, México, quien brindó un remanso de paz para poder escribir.

# Tabla de contenido

# Prefacio

Este es un libro muy pequeño sobre un tema muy grande. La salvación está en el centro (debemos decir, en la Fundación) del pensamiento cristiano. El tema de la salvación (**soteriología** para usted que prefiere el término teológico de lujo) pregunta todas las preguntas profundas. Dado que son preguntas profundas, en lugar de leerlo a través de esta lista, pausar un momento y considerar cada pregunta y, al menos, pedirle brevemente que los responda:

- ¿Qué significa la salvación incluso?

- ¿A qué necesitamos ser salvos, y (casi nunca se le preguntó en nuestra forma de pensar cristiana occidental, evangélica), en qué nos están ahorrando?

- ¿Qué es el pecado? ¿Realmente importa? ¿Es personal? ¿Se hereda? ¿Es incluso mi culpa?

- ¿Qué logró Jesús en la cruz? ¿Por qué Jesús tuvo que morir?

- ¿Cuál es el papel de Dios el Padre en nuestra salvación?

Los cristianos han estado trabajando arduamente para responder estas preguntas durante siglos, no, durante milenios. Y las respuestas que hemos creado a menudo han sido muy diferentes entre sí. Los primeros padres de la iglesia abordaron las grandes preguntas y les respondieron por sus propias generaciones, con sus propias ideas. Las generaciones posteriores verían nuevos giros a las preguntas y encontrarían nuevas respuestas en respuesta. Los sistemas teológicos completos se desarrollarían, a lo largo de los siglos, intentando dar respuestas sólidas, históricas, bíblicas, prácticas y aplicables a las preguntas que se le soliciten.

Mucho tiempo, las respuestas estaban aromatizadas o influenciadas por la cultura en la que pensaban los pensadores y los escritores estaban escribiendo. Sin duda, este volumen también está influenciado por la cultura en la que estoy pensando y escribiendo, pero esta es también la Cultura Estoy tratando de hablar, para ayudar, porque estoy convencido de que hemos comprado en una comprensión de la salvación que se toma como un dado que sea bíblico y verdadero, y sin embargo, cuando se considera de cerca simplemente no se siente al escrutinio. Conozco a muchas personas que finalmente han rechazado el cristianismo parcial y significativamente debido a las respuestas que han recibido a estas grandes preguntas. Muy inspeccionado, las respuestas simplemente no tenían sentido. No estaban bien pensados, pero simplemente fueron remotos de lo que había llegado antes, y en última instancia fueron inadecuados al tratar con las preguntas.

## Otro Pequeño Libro

Este es un libro muy corto, de solo 121 páginas. Pero hace mil años, otro libro muy corto (sólo 98 páginas en la traducción al inglés) llegó al mundo cristiano occidental y dejó un impacto significativo en cómo pensamos y respondemos a las preguntas sobre la salvación. Anselmo, el arzobispo de Canterbury, Inglaterra (aunque italiano de nacimiento y formación) escribió Cur Deus

Homo, o, como lo conocemos en inglés, Why God Became Man. 98 páginas, pero influyó en generaciones - siglos - un milenio - de cristianos, hasta, casi con certeza, *en ti*.

Y argumentaré aquí que Anselmo (y los reformadores que lo siguieron) simplemente se equivocaron.

¿Cómo me atrevo a sugerir algo así? ¿Cómo puedo, en mi sabiduría y entendimiento ridículamente limitado e insuficiente, siquiera pensar en estar en desacuerdo con tales luminarias del pensamiento cristiano? ¿Puedo enfrentarme a estos gigantes intelectuales y teológicos e incluso tener la esperanza de mostrarlos defectuosos? Por supuesto, no puedo, en mi propia manera simple de pensar, esperar estar en contra de estas luminarias. Pero tal vez, solo tal vez, pueda apoyarme en los hombros de los gigantes que vinieron antes que ellos y señalar una forma de pensar acerca de la salvación que será bíblica y con sentido.

Y tal vez, solo tal vez, al buscar respuestas frescas (pero muy antiguas), también puedo ayudar a las personas a cambiar su comprensión no solo de la salvación, sino también de Dios mismo.

Espero que al final de este pequeño libro esté convencido en su mente, y especialmente en su corazón, de que lo que escribió San Juan (en 1 Juan 4.8) es verdadera e inequívocamente cierto: "Dios es amor". Dios es amor, Dios te ama, Dios nos ama a todos, ¡y no hay parte de Dios que no te ame!

Aunque estoy a punto de estar en total desacuerdo con Anselmo, puedo estar completamente de acuerdo con la apertura de su libro y deseo imitar su espíritu en mis propios escritos:

> "Pero mi intento tomará la forma no tanto de una demostración como de una investigación realizada conjuntamente con usted, y se hará con la estipulación que deseo que se entienda que se aplica a todo lo que digo, a saber, que si digo algo que no está confirmado por una fuente de mayor autoridad, incluso si parece que lo estoy probando por medio de la lógica, debe aceptarse solo con este grado de certeza: que parece ser tan provisional, hasta que Dios en algún momento manera de revelarme algo mejor. Si, además, resulta que parezco estar respondiendo satisfactoriamente a su pregunta en alguna medida, debería

considerarse como una certeza que alguien más sabio que yo podría responder a esto de manera más completa. En efecto, es una cuestión de cierto conocimiento que, diga lo que diga un ser humano sobre este tema, quedan razones más profundas, aún ocultas para nosotros, para una realidad de tan suprema importancia". - *Cur Deus Homo,* Libro Uno, Capítulo Dos.

# Capítulo Uno

## Jesús Lo Pagó Todo
### La Historia Que Nos Han Contado

*Querido obispo Myers:*

*Le escribo porque he visto algunas cosas que ha tenido que decir sobre la salvación y no veo cómo encaja con la Biblia. Casi parece que no crees que la muerte de Jesús fuera necesaria para asegurar nuestra salvación. Me encantaría discutir esto contigo y ver si decimos lo mismo de diferentes maneras, o si estás diciendo algo completamente diferente. Honestamente, ni siquiera sé si lo que crees puede considerarse una creencia cristiana ortodoxa.*

*Por favor, escriba cuando tenga tiempo y ayúdeme a resolver algunas de estas preguntas.*

*Atentamente,*

*Victor Anselmo Boso*

*********************

Querido Victor:

Gracias por escribirme y por pedirme más detalles en lugar de simplemente despedirme y asumir cosas sobre mí. A veces es muy frustrante cuando las personas piensan que conocen mi posición sobre algún asunto, luego van a decirles a los demás lo que creo, ¡y se equivocan por completo! Permítanme comenzar asegurándoles que en verdad soy ortodoxo en mi comprensión de la salvación; de hecho, tengo un compromiso personal de no creer nada que no hayan sido enseñados por maestros fieles en la era de la iglesia primitiva.

Pero si vamos a tener una conversación decente sobre estas cosas, quizás lo primero sea que me expliques tu propia comprensión de la salvación: qué entiendes que sucede, por qué sucede y cómo sucede. Espero tener noticias tuyas pronto.

Dios te bendiga,

Obispo Ken

PD Si no es molestia, por favor cuénteme un poco sobre usted. ¡Es bueno saber con quién estoy conversando!

*********************

*Querido Ken (¿puedo llamarte Ken? Firmaste tu última carta con tu primer nombre):*

*Soy Victor Anselmo Boso, tengo 35 años y soy soltero. Mis padres son italianos, pero nací en Suiza y nos mudamos a Estados Unidos cuando tenía quince años. He tenido un viaje espiritual bastante tortuoso: fui bautizado en la Iglesia Católica, pero nunca tuve mucha fe cuando era niño. Mis padres no me criaron fielmente en la iglesia; solo asistíamos en Semana Santa y Navidad y en algunas otras ocasiones, como bodas o funerales. Cuando estaba en la escuela secundaria fui salvo en una iglesia evangélica. Durante los siguientes diez años más o menos, me encontré creciendo en el Señor, pero también moviéndome mucho, buscando experiencias más profundas en el Señor y una mayor comprensión de la Palabra de Dios. Pasé mucho tiempo en una iglesia pentecostal / carismática, luego me involucré en una iglesia presbiteriana bastante conservadora donde aprendí sobre Juan Calvino y sus enseñanzas. Después de unos años allí, me instalé en una iglesia no denominacional intermedia que se enfocaba en la enseñanza bíblica sólida sin demasiado énfasis en posiciones doctrinales específicas.*

*Pero, en todo mi viaje espiritual, me parece que todas las iglesias de las que puedo recordar haber sido parte dijeron prácticamente lo mismo sobre la salvación. Aquí hay un breve resumen de lo que creo. Lo alinearé para que puedas seguirlo. Seguro que debes estar familiarizado con esto, aunque me parece que no te lo crees (o al menos no todo), y eso es lo que tanto me desconcierta.*

### *Dios Hizo A Los Humanos Y Todo Fue Bueno*

*Primero, Dios creó a la humanidad en un estado de perfección moral y espiritual. No había pecado en el mundo ni muerte. Las cosas iban bien; de hecho, Dios lo llamó "muy bueno". Dios puso a los primeros humanos, Adán y Eva, en un jardín paradisíaco donde tenían todo lo que podían necesitar y, lo más importante, tenían a Dios mismo. Solo había una regla que debían seguir: "No coman del árbol del conocimiento del bien y del mal". Dios también les dijo cuál sería el castigo si rompían la regla: "mas del árbol de la ciencia del bien y del mal no comerás; porque el día que de él comieres, ciertamente morirás" (Génesis 2.17).*

## ***Los Seres Humanos Pecaron Y Dios Los Maldijo***

*Pero, por supuesto (obviamente ya lo sabes) comieron de ese árbol. Eva fue tentada por el diablo a comer la fruta para que ella pudiera "ser como Dios". Ella comió, y también Adán, y como resultado Dios los maldijo. Les había dicho que los castigaría si comían del árbol, y cuando rompieron su mandamiento, cumplió su palabra. Murieron. Quizás no en ese mismo momento, pero fueron expulsados del Jardín del Edén, tuvieron que valerse por sí mismos en el mundo del desierto, tuvieron que trabajar duro solo para mantenerse con vida, y finalmente murieron.*

## *Todos Nacen Pecadores Bajo El Juicio De Dios*

*Desde Adán y Eva, todos sus descendientes, todas las personas que han vivido, han nacido pecadores y, por lo tanto, están automáticamente bajo la ira de Dios. Desde el momento de nuestra concepción, nadie escapa a esta naturaleza pecaminosa. Está en nuestro ADN. No podemos evitarlo y somos impotentes para reparar el daño causado. Pablo escribió: "Por tanto, como el pecado entró en el mundo por un hombre, y por el pecado la muerte, así la muerte pasó a todos los hombres, por cuanto todos pecaron..." (Romanos 5.12).*

*Entonces, la situación de cada persona es que son concebidos y nacen como, por así decirlo, enemigos de Dios, y son incapaces de cambiar esto por sus propios medios. No son lo suficientemente buenos. Son pecadores. Dios no puede tener comunión con la humanidad pecadora, y la consecuencia inevitable del hecho de su existencia es la condenación eterna. No pueden salvarse a sí mismos, por lo que necesitan un salvador.*

***Jesucristo Es El Gran Sustituto***

*Porque la humanidad es pecadora y, por tanto, bajo la justa ira de Dios, Dios envió a su Hijo a nacer como ser humano, nacido de una Virgen, participando de nuestra humanidad, "uno que fue tentado en todo según nuestra semejanza, pero sin pecado" (hebreos 4.15). Jesús vivió una vida perfecta y sin pecado, pero murió como un pecador. Entonces, se convirtió en nuestro sustituto y pagó a Dios por nuestra deuda de pecado. Así que ahora, quien pone su confianza en su trabajo, en su pago, recibe el perdón a través de él.*

*Déjame decirlo así: Jesús, al no tener pecado, no merecía la muerte. Nosotros, siendo pecadores, no merecemos nada más que la muerte. En la cruz hubo un gran intercambio y Jesús se sustituyó por nosotros. Cuando era adolescente solíamos cantar una canción que captura esto en pocas palabras:*

> *Pagó una deuda que no tenía,*
> *Tenía una deuda que no pude pagar*
> *Necesitaba a alguien que lavara mis pecados...*

*De hecho, ahora que lo pienso, esto es tan fundamental para nuestra fe que muchas de nuestras canciones lo abordan:*

*Jesús lo pagó todo,*
*Todo a él le debo*
*El pecado había dejado una mancha carmesí,*
*Me lavó y blanco como la nieve me dejó.*

*Cuando estaba en la iglesia pentecostal solíamos cantar sobre eso también. Creo que la canción se llamaba The Old Account Was Settled Long Ago (La cuenta anterior fue pagada hace mucho tiempo)*:

*Hubo un tiempo en la tierra*
*Cuando en el libro del cielo*
*Una cuenta antigua estaba en pie*
*Por los pecados aún no perdonados.*

*Mi nombre estaba dentro de los primeros*
*Con muchos pecados anotados*
*Fui hacia el guardián*
*Y ajuste mis cuentas hace mucho tiempo.*

*El punto es que la única forma en que podemos saldar la cuenta de nuestros pecados es a través de Jesús y su muerte en la cruz. No puedo pagar mi propia deuda porque estoy espiritualmente en bancarrota y ni siquiera puedo estar ante un Dios justo debido a mi pecado. Necesito que otra persona pague la multa por mí, para liquidar la cuenta.*

*Una canción más para dejar mi punto y luego continuaré con esta discusión. Este se llama Él me sacó:*

> *Mi corazon estaba angustiado*
> *"Bajo el ceño fruncido de pavor de Jehová,*
> *Y bajo en el pozo*
> *Donde mis pecados me arrastraron hacia abajo;*
> *Clamé al Señor desde el barro profundo y fangoso,*
> *Quien me sacó tiernamente al día dorado.*

*¿Ves el sentido de todo esto? Permítanme decirlo simple y sucintamente: debido a mi naturaleza pecaminosa (y mis pecados actuales) Dios está legítimamente airado. No puedo soportar estar en su perfecta presencia. No puede soportar estar en mi presencia pecaminosa. No puede perdonarme a menos que se pague el precio de mis pecados.*

*No puedo pagar ese precio. Entonces Jesús paga ese precio por mí, y yo estoy reconciliado con Dios. ¡Estoy salvada! Alabado sea Dios, por su misericordia, soy salvo de la condenación eterna y de la separación eterna de Dios.*

*Ahora, porque he aceptado el pago que Cristo hizo por mí, y porque no pretendo poder pagar por mis propios pecados, cuando muera iré al cielo, y no al infierno, y viviré eternamente con Dios. en su gloria.*

*Gracias por aguantar esta larga carta. Esto, en pocas palabras, es lo que creo. Es lo que me han enseñado. Es, según yo lo entiendo, el Evangelio y lo que creen todos los cristianos. Es por eso que me molesta un poco cuando leo algunas de las cosas que está diciendo, parece que no está de acuerdo con esto. ¿Cómo puede usted, como ministro cristiano y persona comprometida con la Palabra de Dios, no creer esto?*

*Esperamos su respuesta,*

*Victor Anselmo Boso*

*PD Si puedo llamarte Ken, puedes llamarme Andy, así es como me llaman todos mis amigos..*

*********************

Querido Andy:

Primero, deshagámonos de las formalidades. Cuando era niño, mi familia y amigos me llamaban Kenny. Cuando era adolescente, se convirtió en Ken. De adulto, se convirtió en Kenneth. Antes no me importaba mi nombre, pero mi figura favorita de la historia de la iglesia es el santo irlandés Columba. Cuando supe que su mejor amigo era St. Kenneth, de repente me gustó mi nombre. De todos modos, después de la ordenación se convirtió en el padre Ken, luego en el obispo Ken. Por el bien de estas cartas, te llamaré Andy y tú me llamas Ken o Kenneth, lo que más te guste.

Gracias por su descripción breve pero completa de cómo entiende que la salvación funciona. Lo que usted ha descrito es de hecho el punto de vista "estándar" (o debería decir, "popular" - porque es más predominante en nuestra parte del cristianismo) de la salvación. Y también tienes razón en que no lo creo. Yo solía. Al principio era la vista con la que crecí y la única vista que conocía. Lo escuché de niño, lo aprendí en la universidad y en el seminario, lo prediqué y lo creí. Hace varios años comenzó a desmoronarse en mi mente mientras leía las Escrituras más a fondo y leía a los primeros Padres de la Iglesia. La idea simplemente no estaba presente al principio, y eso me preocupó. Durante varios años lo mantuve en un segundo plano, sabiendo que estaba allí y aceptándolo, pero no sintiéndome cómodo con él. Más tarde, llegué al lugar de rechazarlo por completo; tal vez podamos discutir ese cambio de paradigma más adelante.

Si quiere usar términos y frases teológicas, lo que ha descrito es la Teoría de la Expiación Penal Sustitutiva. Nosotros en los círculos evangélicos tendemos a aceptarlo no solo como nuestra comprensión de cómo funciona la salvación, sino como la clara verdad bíblica de cómo funciona la salvación. Pero me gustaría señalar que es una "teoría" y que cualquier diccionario teológico decente (sin mencionar los textos más enfocados) la enumerará como una teoría entre media docena o más de teorías, formas de entender, con respecto a la Expiación.

Espero que no me descarte simplemente y termine esta conversación, solo porque admito que ya no sostengo este punto de vista y, de hecho, veo que el punto de vista es realmente *muy poco bíblico*.

Pero *si* esta conversación va a continuar, me gustaría detener mi discusión sobre el tema por un momento y hacerle algunas preguntas para que piense en lo que realmente cree. Tómese el tiempo para reflexionar sobre estas preguntas. No las responda automáticamente o de forma rutinaria. Piénsalos bien. Estas son algunas preguntas que seguían apareciendo en mi mente y me causaban problemas.

OK. Aquí vamos. Estos no están en ningún orden en particular, y prometo abordarlos más a fondo si elige continuar con este diálogo, pero aquí hay algunas preguntas para que las considere:

## ¿Por Qué Somos Castigados Por El Pecado De Adán?

¿Por qué debemos creer que somos castigados por el pecado de nuestros antepasados? Adán y Eva pecaron. Pero, ¿por qué sus descendientes deberían ser castigados por su pecado? ¿No dice claramente la Biblia que el castigo no debería funcionar de esta manera?

> "Los padres no morirán por los hijos, ni los hijos por los padres; cada uno morirá por su pecado." (Deuteronomio 24.16).

> "El alma que pecare, esa morirá; el hijo no llevará el pecado del padre, ni el padre llevará el pecado del hijo; la justicia del justo será sobre él, y la impiedad del impío será sobre él" (Ezequiel 18.20).

Y, sin embargo, se nos dice que Dios hace esto mismo: nos maldice, está enojado con nosotros, incluso antes de que hayamos cometido pecados reales. Somos concebidos y nacidos como justos recipientes de su ira porque somos herederos del pecado de Adán. Me parece que Dios nos instruye a comportarnos de una manera, mientras que él se comporta de otra manera. no tiene ni pizca de sentido para mi.

## ¿Por Qué Dios No Puede Simplemente Perdonarnos?

La Teoría de la Expiación Penal Sustitutiva (lo llamaré PSA) dice que para obtener el perdón, se debe hacer un pago por nuestros pecados. Pero ¿es esto lo que la Biblia nos enseña acerca de cómo funciona el perdón? Quiero decir, honestamente, si aplicáramos esta regla a nuestro perdón, ¿estaría de acuerdo con las enseñanzas de Jesús sobre cómo debemos perdonar? "¡Cuando perdones, primero asegúrate de que la parte ofensora pague!" ¿Te imaginas a Jesús diciendo algo así? Si Dios nos enseña a perdonar sin pago, entonces ¿por qué Dios no hace lo mismo?

## ¿Se Hace Justicia Con El Castigo De Los Inocentes?

PSA enseña que no podíamos pagar por nuestros propios pecados, por lo que una persona inocente tuvo que morir por nosotros. Pero, ¿es eso realmente justicia? Si alguien comete un delito en su contra y lo atrapan, pero no puede hacer una restitución, ¿consideraría justo y correcto decir: "Bueno, está bien, pero alguien tiene que pagar antes de que perdone" - y luego encuentra alguna persona completamente inocente y hacerle pagar, incluso si su acción es voluntaria? Puede que se haya hecho restitución, pero ¿realmente se ha hecho justicia?

## ¿Qué Significa Siquiera La Justicia?

Creo que utilizamos el término justicia de forma un tanto imprecisa. La justicia, en última instancia, significa arreglar las cosas. Si un hombre malvado asesina a la hija de alguien, puede ir a prisión por el resto de su vida, o incluso puede sufrir la pena capital, y decimos: "Se ha hecho justicia", pero en realidad no es así. La única forma en que las cosas pueden "arreglarse" es que la hija recupere su vida.

Con PSA, decimos que los humanos son perversamente pecadores y han ofendido el honor y la justicia de Dios, y que se debe hacer justicia, por lo que Jesús muere por nosotros. ¿Pero eso realmente soluciona algo? ¿Cómo logra Jesús, la víctima inocente que muere para pagar por nuestros pecados, "arreglar las cosas"? Quiero decir, incluso si tuviéramos que morir por nuestros propios pecados y ser condenados eternamente al infierno, ¿cómo "arregla las cosas"? ¿Cómo le devuelve eso a Dios el honor que le hemos robado?

## ¿Hay Un Dios Y Es Esquizofrénico?

La piedra angular de la verdad cristiana es que hay un solo Dios. No miles, no docenas, no tres - Un Dios. Cuando se le preguntó a Jesús cuál es el mayor mandamiento, respondió citando Deuteronomio 6.4: "Oye, Israel: Jehová nuestro Dios, Jehová uno es". Independientemente de lo que crean los cristianos, creemos que hay un solo Dios. Ese único Dios se nos revela como Padre, Hijo y Espíritu Santo, pero Dios no es una especie de comité de seres divinos.

PSA, me parece, yuxtapone al Padre contra el Hijo. El Padre es el Dios colérico y justo que exige el pago de nuestros pecados (aunque nos enseña a perdonar a los demás sin pago). El Hijo es el Dios amoroso que dice, en efecto, "Padre, iré y pagaré los pecados de la humanidad. Me convertiré en un ser humano perfecto y sin pecado, y puedes derramar tu ira sobre mí en lugar de ellos, y eso satisfará tu justicia". Por cierto, satisfacción es una palabra importante en PSA. El Padre exige satisfacción, pero no la encuentra en toda la humanidad ("No puedo obtener ninguna satisfacción" - para citar al ilustre teólogo Mick Jagger), por lo que el Hijo se ofrece a satisfacer la demanda de pago del Padre sacrificándose a sí mismo.

¿Pero nuestra salvación no se origina en el corazón mismo del Padre? El versículo más famoso de toda la Biblia es Juan 3.16: "Porque de tal manera amó Dios al mundo, que ha dado a su Hijo unigénito, para que todo el que crea en él no se pierda, sino que tenga vida eterna". ¡De tal manera amó el Padre al mundo! Esto no suena como un Dios iracundo que exige satisfacción, suena como un Dios amoroso que planea un rescate para aquellos a quienes ama.

No tienes que responder a esta carta con prisa. Tómese su tiempo, piense en las preguntas y vuelva a escribir después de haber tenido tiempo para realmente contemplar estas preguntas.

Ken

***********************

*Kenneth:*

*¡Guao! Has hecho muy buenas preguntas y te prometo que las pensaré largo y tendido. Incluso una breve lectura de las preguntas me hace ver algunas dificultades con, como usted lo llama, "la teoría" de la salvación que he entendido.*

*Pensaré más en estas preguntas, pero algo que dijiste me despertó la curiosidad. Dijiste: "La idea simplemente no existía al principio". Bueno, si no existió al principio, ¿de dónde vino? Asumí que esto es lo que todos los cristianos en todos los tiempos han creído. Tienes razón: no he visto esto como una teoría entre muchas sobre cómo somos salvos, simplemente asumí que era la verdad bíblica. Mientras pienso en estas preguntas, ¿le importaría explicarme de dónde vino esta idea y cómo se hizo tan frecuente?*

*Ansiosamente esperando su respuesta,*

*Andy*

# Capitulo Dos

# De Dónde Vino La Historia

## ¡Salta Este Capítulo Si Odias La Historia!

Querido Andy:

En su última carta parecía sorprendido de que la Teoría de la Expiación Penal Sustitutiva no fuera la comprensión universal de cómo somos salvos, y me preguntaba de dónde venía la idea.

No sé qué tan aficionado a la historia eres, así que no escribiré un tomo completo sobre la historia del desarrollo de esta doctrina, pero permíteme esbozar un breve resumen de cómo surgió.

Primero, permítanme dejar en claro que no "apareció" de la noche a la mañana. Se desarrolló, pieza por pieza, a lo largo de más de mil años.

Como dije antes, la idea de PSA simplemente no existía en los primeros siglos del cristianismo. De hecho, ¡no existió como la teoría completa que conocemos hasta el siglo XVI! Aunque las semillas de la teoría se sembraron en el siglo IV, ¡la Iglesia no tuvo esta noción durante mil quinientos años! En otras palabras, en la gran escala de la historia, PSA es un desarrollo relativamente reciente. En aras de la simplicidad (nuevamente, no sé qué tan interesado en la historia doctrinal eres), dividiré el desarrollo en tres partes.

## Agustín Y El Pecado Original

No sé si saben algo sobre San Agustín, pero el hombre era un genio, y sus pensamientos han sido formativos en el cristianismo occidental, desde, bueno, desde que escribió y ministró en los siglos cuarto y quinto. Mucho de lo que siguió en el

Occidente cristiano se basó en su teología, y creo que es seguro decir que, más allá de Jesús y San Pablo, Agustín se vuelve fundamental para el desarrollo de la doctrina en Occidente. Entonces, sígame un poco de humor y déjeme contarle sobre él, luego me gustaría hablarle sobre una de sus doctrinas en particular, la doctrina del Pecado Original.

Agustín nació en 354 en lo que ahora es Argelia. Solo para poner las cosas en perspectiva, su país era parte del Imperio Romano que rodeaba el Mar Mediterráneo, y nació un cuarto de siglo después del primer gran Concilio Ecuménico en Nicea (del cual obtenemos el Credo de Nicea). Su padre era pagano y su madre cristiana, y él fue criado como cristiano, pero cuando era joven se involucró en un culto que básicamente celebraba el libertinaje. Cuando era joven, tuvo una aventura constante con una mujer que le dio un hijo, y durante sus días salvajes rezó su ahora famosa oración: "Dios, concédeme la castidad... ¡pero todavía no!". Agustín se convirtió al cristianismo en el año 386, a la edad de 32 años, y fue bautizado un año después en la ciudad italiana de Milán. Diez años más tarde se convirtió en obispo de Hipona (nuevamente, piense en Argelia). Pero lo que sucedió antes de su conversión es lo que me gustaría señalar ahora.

Agustín se formó en la retórica clásica. Ahora bien, hoy en día, cuando usamos la palabra retórica, pensamos en la lógica y el argumento y en presentar un buen caso para algo, pero el campo en el que la retórica se arraigó originalmente fue la política y el derecho. Entonces, para decirlo de manera simple, Agustín se formó como abogado. Después de su conversión, su formación en retórica le sería muy útil para aplicarla a la teología, pero lo que es importante ver es que la teología occidental (y particularmente la agustiniana) tiende a estar enraizada en lo legal. Casi inevitablemente aborda las cosas desde un punto de vista legal. Los cristianos de Oriente pensaron y escribieron desde un marco más holístico y menos legal, pero el mundo romano era un mundo de pensamiento legal. Roma misma, como centro del Imperio, era obviamente, culturalmente, una ciudad dada al pensamiento legal, y esto afectó dramáticamente las doctrinas emergentes de Occidente.

Como he dicho, Agustín fue un genio y escribió muchos comentarios maravillosos sobre las Escrituras, cientos de cartas y libros completos de razonamiento teológico basados en su formación como retórico. Su escuela de pensamiento continuó (y continúa incluso hoy) influyendo en el cristianismo occidental, por lo que es natural ver surgir la teología occidental con un fuerte enfoque en el aspecto legal de las cosas. Coincidentemente, más de mil años después, otro abogado capacitado, Juan Calvino, tomaría las ideas de Agustín y las expandiría a un marco legal aún más desarrollado.

Una de las doctrinas desarrolladas por Agustín, que saturaría por completo el pensamiento occidental, fue la doctrina del Pecado Original. Aunque algunos Padres anteriores lo discutieron en términos bastante ambiguos (Ireneo, por ejemplo), Agustín fue quien le dio alas para volar.

Enseñó que el pecado de Adán (*el pecado original)* se transmitió a todos sus descendientes. Por el acto mismo de la reproducción sexual, todos somos concebidos y nacidos, no sólo con inclinación al pecado, sino como ya condenados a causa de la naturaleza pecaminosa. Para Agustín (y aquellos que seguirían sus huellas en los siglos venideros), todo ser humano nace no solo con la tendencia al pecado, sino también bajo la culpa del pecado. Nacemos destinados al infierno. Solo el bautismo quitaría esta culpa, y cualquiera que tuviera la desgracia de no ser bautizado finalmente se dirigía a la eternidad sin Dios. Entonces, incluso alguien que murió en la infancia, antes de cometer un solo pecado real, a menos que fuera bautizado, iría al infierno (o, en el mejor de los casos, a una especie de "nivel superior" del infierno llamado Limbo, donde en realidad no sufriría mucho, pero nunca podría, por toda la eternidad, tener el gozo de conocer y ver a Dios). Si bien la Iglesia occidental nunca respaldó total y oficialmente el punto de vista de Agustín, definitivamente tuvo un impacto casi universal en la teología occidental.

Lo que quiero que noten aquí, sin embargo, es el marco legal de la doctrina. En la práctica se volvió muy transaccional. Eres un pecador, destinado al infierno. Te bautizas. Por la gracia del bautismo sois perdonados, lavados del pecado original, y sois trasladados de la columna de los condenados a la columna de los salvados.

## Anselmo Y La Doctrina De La Satisfacción

Las cosas marcharon muy bien después de Agustín durante medio milenio más o menos hasta que Anselmo de Canterbury apareció en escena (supongo, ya sea que te des cuenta o no, que probablemente llevas su nombre indirectamente). Anselmo fue el arzobispo de Canterbury en el siglo XI. Ahora bien, cuando la gente piensa en el ABC (Arzobispo de Canterbury) piensa, con razón, en Inglaterra y la Iglesia de Inglaterra. Pero esto es quinientos años antes de que la Iglesia de Inglaterra se separara de la Iglesia de Roma, y Anselmo en realidad no era inglés, era italiano.

Por lo que vale (y vale algo), el padre de Anselm era un hombre muy abusivo. Solo ten eso en cuenta.

Transferido de Italia a Francia y finalmente a Inglaterra, el bueno y piadoso Anselmo asumió el liderazgo de la iglesia inglesa (muy a regañadientes, debo añadir) en 1093. Fue exiliado dos veces de Inglaterra y escribió muchas obras importantes de teología, pero la única por lo que siempre será recordado fue *Cur Deus Homo - Por qué Dios se hizo hombre*.

Era un libro pequeño, pero tuvo un gran impacto en el cristianismo occidental. La traducción al inglés tiene solo 98 páginas, pero su influencia cambió el curso de la teología en Occidente para siempre, especialmente cuando los reformadores ampliaron sus ideas (pero hablaremos de eso más adelante). En Cur Deus Homo, Anselmo expuso una teoría de la

Expiación basada en el honor ofendido de Dios. Siguiendo el ejemplo de las nociones medievales del honor de los reyes (¿y quizás el dolor psicológico de un padre abusivo?), Anselmo argumentó que, al desobedecer a Dios, Adán ofendió el honor del Creador y Rey de todas las cosas. La única forma de restaurar ese honor era mediante el castigo, y en este caso, dado que el honor era lo último y, por lo tanto, la deshonra era lo último, se tenía que pagar el precio final: la muerte.

Avanzando con la noción de Agustín del Pecado Original - que todos estábamos "en Adán" cuando él pecó, y en consecuencia la humanidad en general es una *massa damnata* (una masa maldita, un grupo condenado - palabras de Agustín, no de Anselmo), todos éramos - tanto individual como colectivamente - completamente incapaz de restaurar el honor que había sido robado.

Si le robas a alguien, no es suficiente devolver lo que le has robado: su honor todavía ha sido ofendido, todavía ha sufrido angustia y daño incluso si sus bienes han sido devueltos. Entonces, incluso si Adán (y el resto de nosotros) de alguna manera pudiera compensar nuestros pecados, eso no es suficiente, no equilibra la balanza. Dios todavía ha sido deshonrado. Anselmo lo dijo así:

"Si un ángel o un hombre dieran siempre a Dios lo que debe, nunca pecaría." Continúa: "Entonces, pecar no es otra cosa que no dar a Dios lo que se le debe". ¿Entendido? Pero el hombre pecó. Entonces, "Quien no da a Dios este honor debido a él, está quitando a Dios lo que es suyo, y deshonrando a Dios, y esto es lo que es pecar. Mientras no devuelva lo que ha quitado, permanece en un estado de culpa. Y no basta con devolver lo que se le ha quitado, sino que debe devolver más de lo que se ha quitado... Por tanto, todo el que peca está obligado a devolver a Dios el honor que le ha quitado con violencia., y esta es la satisfacción que todo pecador está obligado a dar a Dios" (Libro Primero, Capítulo 11).

Ni siquiera podemos pagarle a Dios por los pecados que hemos cometido, y mucho menos dar un paso adicional y pagar "extra" por su honor dañado. Entonces, Anselmo concluye: "Por lo tanto, no conviene que Dios perdone un pecado sin castigo" (1.12).

Anselmo continúa diciendo que Dios creó al hombre para reemplazar a los ángeles caídos del cielo, y, "No conviene, pues, que

Dios reciba en el cielo, en reemplazo de los ángeles caídos, a un hombre pecador que no ha pagado la recompensa (1.19). Pasa páginas argumentando que Dios simplemente no puede perdonarnos nuestros pecados sin castigo. Nuestro castigo es la muerte y el infierno, pero incluso si sufrimos la muerte y el infierno al máximo, no podemos compensar la deshonra que hemos traído a Dios. Estamos, como decimos en Texas, en un arroyo sin remo. No, estamos en un arroyo sin bote. ¡Incluso podemos estar en un riachuelo sin riachuelo!

Lo que dice Anselmo tiene cierto sentido lógico, pero yo diría (y lo haré) que está construido sobre un fundamento defectuoso: un fundamento de los reyes medievales, y no la revelación de la naturaleza de Dios en las Escrituras. ¿Me Estás siguiendo hasta ahora? Sé que es un poco complicado, pero sigue conmigo.

En el Libro Dos (la segunda sección del corto *Cur Deus Homo*), Anselmo continúa diciendo que, dado que un hombre (o toda la humanidad) cometió los actos atroces de deshonra, es solo un hombre (que representa a toda la humanidad) quien puede pagar la deuda adeudada. Pero nadie puede ni siquiera pagar, porque, puesto que debemos una vida perfecta a Dios, y puesto que todos hemos pecado, ninguno de nosotros puede pagar lo que se debe. Se debe satisfacer al Rey, pero esto es imposible de hacer. Entonces, Dios se hace hombre en la persona de Cristo, y como hombre, viviendo una vida perfecta, paga la deuda. Sufre una muerte inmerecida para equilibrar las cuentas, restaurar el honor de Dios y reconciliar a la humanidad con el Dios ofendido. "Cristo por sí mismo dio a su Padre lo que nunca iba a perder por necesidad, y pagó, en favor de los pecadores, una deuda que no debía" (2.18).

Y ahí, Andy, está el suelo del que brotan esas canciones que mencionaste en una carta anterior. Toda la idea de Jesús *pagando* al Padre encuentra su primer florecimiento en Anselmo de Canterbury. En su propio tiempo, y más tarde, hubo muchos otros teólogos en Occidente que no estaban de acuerdo con él, pero el pensamiento de Anselmo ganó el día e influyó en el cristianismo occidental de manera importante.

## John Calvin Y Los Reformadores

Esta es la última parte de la historia, ¡lo prometo! Espero que te hayas quedado conmigo hasta aquí y no te hayas dado por vencido. La pieza final salta otros quinientos años desde Anselmo hasta el siglo XVI, que fue lo que llamaríamos "un cambio radical" en la vida de Europa y el cristianismo occidental. Estoy seguro de que ya conoce, al menos superficialmente, la historia de la Reforma. Lutero en Alemania, las 95 tesis, la separación anglicana de Roma, Juan Calvino en Suiza: toda Europa estaba en agitación política y religiosa, la sociedad se estaba volviendo loca y el caos estaba a la orden del día. La Iglesia de Roma estaba viendo cómo se desmoronaba su influencia, nuevas iglesias y nuevas naciones emergían a la izquierda y a la derecha, y la teología, al menos en algún nivel, irrumpía con nuevas ideas y puntos de vista.

John Calvin era un abogado suizo, escucha esto! Este no es el lugar para ver todas las ideas e innovaciones de Calvin, pero debemos centrarnos en una transición importante que él y varios de los otros reformadores hicieron. Todos aceptaron prácticamente la noción anselmiana estándar de satisfacción. Pero cuando Anselmo escribió quinientos años antes, la entidad ofendida era el rey. Un crimen contra cualquiera en la tierra era un crimen contra el rey, porque él gobernaba a todos y a todo en la tierra. Hasta el día de hoy, en países que tienen una monarquía, el juicio generalmente se establece como "La reina contra John Doe". Ahora, con las diversas monarquías que tienden a perder su poder, si no la cabeza, el enfoque pasó del rey a la corte, los juicios se convirtieron en "El Estado contra John Doe". Entonces, cuando Calvin y los reformadores ampliaron la enseñanza de Anselmo, la sacaron del ámbito de los reyes y la colocaron en el ámbito de los jueces. Dios se hizo hombre, sí, para pagar por nuestros pecados, pero como Calvin lo estilizó, la humanidad se presentó ante Dios el Juez justo, y Jesús fue "hecho un sustituto y una garantía en lugar de los transgresores e incluso se sometió como un criminal, para sostener y sufrir todo el castigo que se les hubiera infligido" (Institutos de Calvin, 2.16.10).

Con los Reformadores, la doctrina de la Sustitución de Anselmo se convirtió en la Doctrina de la Expiación Penal Sustitutiva. Ya no se trataba de ofender el honor de un rey, se trataba de un crimen contra Dios, siendo él mismo el Juez justo, imponiendo la pena de muerte y condenación eterna a todos los pecadores (que somos todos nosotros). Cristo vino, se argumentó, para pagar la pena justa por nuestros pecados, a fin de salvarnos de ellos. La deuda de Anselmo se convierte en la pena del reformador. Penal (se debe pagar una pena) Sustitutivo (por otra persona porque no podemos pagarlo nosotros mismos) Expiación (para reconciliarnos con Dios).

Y así, dentro del mundo evangélico de hoy (ya sean bautistas evangélicos, metodistas, anglicanos, pentecostales o cualquier otra cosa), la doctrina de PSA se ha convertido *ipso facto* en la doctrina de la Expiación, de por qué Cristo murió por nosotros.

## PSA – Un Extranjero En El Lado Este

Andy, ¿sabes algo sobre la Iglesia Ortodoxa Oriental? La mayoría de los cristianos occidentales no lo hacen. Muchos no saben nada al respecto y cuando lo mencionas te miran con curiosidad y dicen algo como: "Ortodoxo, ¿no es eso judío?" Y debo decir que la Iglesia Ortodoxa es ciertamente extraña para la mayoría de nosotros porque es... bueno... oriental, y nosotros somos occidentales. Vivimos en el Mundo Occidental, pensamos como el Mundo Occidental, somos productos del Mundo Occidental, somos parte del Mundo Occidental. ¡Este es Este y Oeste es Oeste y nunca los dos se encontrarán!

Sin embargo, si menciono algunas congregaciones particulares en la Iglesia Ortodoxa Oriental, las reconocerá de inmediato. Intentémoslo: Antioquía, Éfeso, Filipos, Corinto, Esmirna, Atenas. Seguro que has oído hablar de ellos, ¡cualquiera que lea su Biblia ha oído hablar de ellos! Lo sorprendente es que estas iglesias todavía existen y todas son ortodoxas orientales. Este no es el lugar para entrar en la historia de la ortodoxia (¿no te alegra?), pero baste decir que, mientras la Iglesia occidental crecía en Europa, y más tarde en Australia, América del Norte y del Sur y otros lugares impactados por las conquistas europeas, la Iglesia oriental siguió creciendo en el norte de África, Asia Menor, Oriente Medio, Europa del Este y partes de Asia.

Oriente se separó de Occidente geográfica, política y teológicamente, y en 1054 sucedió algo llamado "El Gran Cisma" que dividió a la Iglesia de manera terrible. Nuestras oraciones son que Dios algún día nos reúna, pero es importante que reconozcamos que el cristianismo ha continuado en Oriente tal como lo ha hecho en Occidente.

¿Por qué menciono esto? Porque me parece significativo que los diversos desarrollos de los que hemos estado hablando: el pecado original de Agustín, la satisfacción de Anselmo y la expiación penal sustitutiva del reformador son completamente extraños al cristianismo oriental. Simplemente no está en su mapa; nunca ha sido parte de su teología o forma de pensar.

Este hecho en sí mismo no es árbitro de la verdad o falsedad de una doctrina en particular, pero piénselo: si una doctrina en particular fuera simplemente "bíblica", ¿no se encontraría en primer lugar en la Iglesia antigua y, en segundo lugar, en toda la Iglesia? Por ejemplo, doctrinas fundamentales como la divinidad de Cristo, la Santísima Trinidad, el nacimiento virginal, la resurrección de Jesús, la promesa de la segunda llegada, todos estos son sostenidos por todos los cristianos como elementos esenciales de la fe y, sin embargo, ¡aquí es un desarrollo doctrinal completamente ajeno a toda una parte antigua, doctrinalmente sólida, venerable de la Iglesia! Podemos discutir sobre los méritos (o la falta de ellos) de la doctrina, pero ¿podemos realmente argumentar a favor de su esencialidad? Y, sin embargo, para tantos cristianos, particularmente en el mundo evangélico, simplemente damos por sentado que PSA es la única doctrina de la Expiación que existe, y si alguien no lo cree, ¡los consideramos posiblemente herejes!

Gracias, amigo mío, por soportar esta larga lección en la historia del desarrollo teológico. La versión corta es esta: la doctrina de Agustín del Pecado Original floreció en la doctrina de Anselmo de la Satisfacción, la cual floreció plenamente en la doctrina de los Reformadores de la Expiación Penal Sustitutiva, la cual impregnó tanto al mundo evangélico que es aceptada en general como la única doctrina de la Expiación fuera de la ley. Y estoy convencido de que está completamente equivocado.

Sé que fue mucho para asimilar, y espero que no desvíe nuestra conversación. Vuelve a escribir si tienes en mente hacerlo.

Dios te bendiga,

Kenneth

❊❊❊❊❊❊❊❊❊❊❊❊❊❊❊❊❊❊❊❊❊

*Querido Ken:*

*¡Oh Dios mío! ¡No tenía idea de que mi doctrina de salvación tenía una historia tan compleja! Gracias por tomarte el tiempo de explicármelo. De hecho, es mucho para asimilar, y voy a reflexionar sobre ello, pero ahora veo que lo que pensé que era solo un hecho, una verdad del Evangelio, no es tan*

*"dado" como pensé que era.! También he tenido un poco de tiempo para pensar en las preguntas que planteaste en tu carta anterior, y debo admitir que me inquietaron un poco.*

*Me temo que mi respuesta será bastante breve en comparación con su larga carta. Pero aquí está mi pregunta: si el PSA no es la forma de creer, entonces comparta conmigo lo que cree que es la creencia correcta. Si no te importa, empieza con todo eso del Pecado Original porque, aunque no lo he estudiado mucho, acabo de aceptar que la doctrina del Pecado Original era una doctrina aceptada por todos los cristianos. Si no estás de acuerdo con Agustín, ¿entonces qué piensas?*

*¡Ah, y no tenía idea de que indirectamente me pusieron el nombre de San Anselmo!*

*Andy - Victor ANSELMO Boso*

# Capítulo Tres

# El Pecado Original

Querido Andy:

En la última carta me pediste que, si no creo en la *Expiación Penal Sustitutiva,* por favor te diga lo que sí creo, y me pediste que comenzara con el tema del pecado original. Ese me parece un buen lugar para comenzar, así que vamos a hacerlo.

Brevemente (y por tanto, quizás, algo falto de los matices necesarios), Occidente (Roma y sus hijos, los protestantes, que rápidamente desecharon mucho de lo romano pero mantuvieron con fiereza e incluso intensificaron su soteriología) ve el pecado original como algo que afecta la naturaleza misma de la humanidad.

¿Usas o tienes una Nueva Versión Internacional de la Biblia? Como traducción, da un buen ejemplo de lo que estoy hablando. En la edición de 1984 (afortunadamente lo cambiaron en ediciones posteriores) 22 veces traducen el uso de Paul de la palabra *sarx* como "naturaleza pecaminosa". Ahora, la palabra *sarx* significa "carne", y es uno de los términos teológicos de Pablo, pero no significa "naturaleza pecaminosa" (hay palabras griegas para "pecaminoso" y para "naturaleza" y ninguna de ellas tiene nada que ver con la palabra *sarx*). Pero la traducción muestra cómo los cristianos evangélicos tienden a pensar sobre todo el tema. Nacemos (no, concebidos), en la misma composición de nuestro ser, en un estado de pecaminosidad y alejamiento de Dios. Como les señalé en la carta sobre la historia, Agustín, y por supuesto Calvin después de él, tuvieron un día de campo con esta noción.

El punto de vista oriental (y patrístico anterior) es que el pecado se ha infiltrado como una especie de enfermedad espiritual, que se manifiesta en pecados particulares, en pensamiento, palabra y obra. Pero no está en nuestra naturaleza. Todos estamos afligidos por la enfermedad del pecado, pero está en nosotros y no de nosotros. Cuando Pablo escribe sobre la lucha con el pecado en Romanos 7, deja en claro que no es su propia naturaleza la que es pecaminosa: "Porque lo que hago, no lo entiendo; pues no hago lo que quiero, sino lo que aborrezco, eso hago. Y si lo que no quiero, esto hago, apruebo que la ley es buena. De manera que ya no soy yo quien hace aquello, sino el pecado que mora en mí." (Romanos 7:15-17). ¿Ves lo que dice Pablo? No es él, no es su ser, no es su yo, no es su naturaleza, pero es el pecado en él, el pecado es algo "otro". Unas pocas frases más adelante el escribe: "Porque me deleito en la ley de Dios, en mi ser interior, pero veo en mis miembros otra ley que hace guerra contra la ley de mi mente y me hace cautivo a la ley del pecado que mora en mis miembros" (22-23).

La palabra naturaleza es importante. La naturaleza (ya sea que estés traduciendo la palabra physis u ousius) es lo que somos, es la constitución de nuestro ser. Somos seres humanos. Si estuviéramos hablando físicamente, estaríamos hablando de nuestro ADN, lo que nos constituye como humanos y, por lo tanto, nos distingue de los calamares, los simios o los dientes de león. Yo diría que no tenemos una naturaleza pecaminosa, sino que tenemos una naturaleza infectada con el pecado. No somos, constitucionalmente, en nuestro mismo ser, pecadores, pero tenemos pecado "en nosotros".

La doctrina agustiniana del pecado original lleva a que Occidente vea a la humanidad como, en masa, inaceptable para un Dios puro, santo y justo, y por lo tanto como destinatarios de su justa ira. Oriente, por otro lado, ve a Dios como airado, no hacia nuestra naturaleza, no hacia nosotros, sino hacia la enfermedad que nos aflige, y de la cual debemos ser sanados.
Y esto, por supuesto, termina con los reformadores viendo la cruz como un evento transaccional en el que Dios castiga a Cristo por nuestros pecados (porque, al menos con Dios, aunque nos enseñe lo contrario, el perdón requiere pago). Termina con Oriente viendo la cruz como el epítome de Dios quitando nuestro pecado: Jesús, muriendo en la cruz, hace que el pecado muera con él, descendiendo al infierno, causa estragos en la muerte misma (la consecuencia del pecado), y resucitando vence el pecado y la muerte, y promete hacer lo mismo en la humanidad.

El punto de vista occidental tiende a poner en desacuerdo a Dios Padre y Dios Hijo. ¿Has oído hablar del "policía bueno, policía malo"? Esto es "Dios bueno, Dios malo". Dios Padre, lleno de justicia implacable, Dios Hijo, ofreciéndose a sí mismo en pago para apaciguarlo. Como dije antes, crea una especie de Deidad esquizofrénica. El punto de vista oriental tiende a poner a Dios el Padre y a Dios el Hijo "en la misma página": amar al mundo y hacer todo lo que esté en el poder del cielo para remediar la situación.

Ken

✲✲✲✲✲✲✲✲✲✲✲✲✲✲✲✲✲✲✲✲

*Querido Ken:*

*Me has dado mucho que masticar, nunca he pensado en el pecado como "algo más" que nos "infecta". Pero, no estoy seguro de estar completamente de acuerdo con lo que dices. Quiero decir, para decirlo en palabras cortas, vamos a pecar, ¿no? ¿No está en nuestra naturaleza pecar? Quiero decir, tal vez no esté en nuestro ADN espiritual, tal vez no esté en nuestro propio ser, pero ¿no es nuestra naturaleza pecar? ¿No es así como somos ahora?*

*Andy*

✲✲✲✲✲✲✲✲✲✲✲✲✲✲✲✲✲✲✲✲

Querido Andy:

Sí, sin duda pecaremos, porque, como dices, "así somos ahora". Pero una vez más permíteme tratar de aclarar lo que estoy diciendo. Sugeriría que somos "como somos ahora" porque todos nosotros (lo obtuvimos del abuelo Adam) hemos sido "infectados" con el pecado (no "pecados", sino "pecado" - singular - pecaminosidad). Pero también sugeriría que la pecaminosidad que hemos heredado *no es parte de nuestra naturaleza*, no es parte de nuestro ser.

Piénsalo. Si el pecado es realmente parte de nuestra naturaleza, entonces Jesús no se convirtió en un hombre real. Hebreos 4.15 nos dice: "Porque no tenemos un sumo sacerdote incapaz de compadecerse de nuestras debilidades, sino uno que fue tentado en todo según nuestra semejanza, pero sin pecado". Si Jesús era "sin pecado", y sin embargo el pecado es parte de nuestra naturaleza, entonces Jesús no se convirtió en un ser humano real. Si ese es el caso, no vivió como uno de nosotros, murió como uno de nosotros o resucitó como uno de nosotros. Hebreos también dice: "Así que, por cuanto los hijos participaron de carne y sangre, él también participó de las mismas cosas, para destruir por medio de la muerte al que tiene el imperio de la muerte, esto es, al diablo, y librar a todos los que por temor a la muerte estaban sujetos a servidumbre de por vida" (2.14,15).

Si el pecado es parte de nuestra misma naturaleza, entonces no podemos decir que Dios nos ama, porque Dios no ama el pecado. Pero si el pecado es una especie de enfermedad espiritual, una enfermedad o infección espiritual, entonces Dios puede amarnos y detestar nuestra aflicción, ¡y hacer algo al respecto! En resumen, la pecaminosidad no es una parte esencial de lo que significa ser humano.

Dios sea contigo,

Ken

❊❊❊❊❊❊❊❊❊❊❊❊❊❊❊❊❊❊❊❊❊❊

*Mi querido obispo Ken:*

*Permítanme decir que estoy disfrutando mucho de esta discusión nuestra, y estoy creciendo a partir de ella. Gracias por su ayuda, y espero no estar siendo demasiado molesto para usted. Ahora veo que realmente no tiene mucho sentido que el pecado esté en nuestra propia naturaleza. Sí, tenemos una predisposición a pecar, y sí, todos somos pecadores, pero no está en nuestro ser. Me gusta lo que dijiste acerca de que estamos "infectados" con el pecado, y me gustaría que dijeras más al respecto. Pero primero, una de las preguntas que me pediste que reflexionara antes fue con respecto a cómo PSA parece volver esquizofrénico a Dios, y casi enfrenta al Padre contra el Hijo. Esa idea me ha estado preocupando desde que me la pediste, y ahora estoy empezando a tener problemas para reconciliar a un Padre amoroso con la idea de un Dios que exige el pago antes que el perdón. ¿Puedes elaborar un poco más sobre ese tema?*

*Andy*

# Capítulo Cuatro

# Cur Deus Homo

## Por Qué Dios Se Hizo Hombre: El Plan De Rescate

Querido Mr. Boso:

Confío en que todo esté bien contigo desde la última vez que nos escribimos. Me pediste que profundizara en el tema del amor del Padre por nosotros, y estaré muy feliz de hacerlo, ¡porque es el tema más maravilloso de toda la creación!

¿Empezamos por el principio? ¿En el corazón mismo de Dios? Como señalé antes, el versículo más amado de toda la Biblia es Juan 3.16: "Porque de tal manera amó Dios al mundo, que ha dado a su Hijo unigénito, para que todo aquel que en él cree, no se pierda, mas tenga vida eterna.".

## El Corazón Del Padre

Me gustaría señalar que Dios hecho hombre no fue una operación voluntaria del Hijo en contraposición al corazón exigente de justicia del Padre. El Hijo se hizo hombre por el corazón del Padre. Esta es la razón por la cual el Hijo hace cualquier cosa y todo. "Respondió entonces Jesús, y les dijo: De cierto, de cierto os digo: No puede el Hijo hacer nada por sí mismo, sino lo que ve hacer al Padre; porque todo lo que el Padre hace, también lo hace el Hijo igualmente." (Juan 5.19). Más tarde dijo: "Cuando hayáis levantado al Hijo del Hombre, entonces conoceréis que yo soy, y que nada hago por mí mismo, sino que según me enseñó el Padre, así hablo." (Juan 8,28). Todo lo que hace el Hijo es simplemente una publicación, una manifestación, una revelación del corazón del Padre. La razón por la que el Hijo asumió la naturaleza humana es porque el Padre "amó tanto" al mundo.

Esto no es, por cierto, una revelación del Nuevo Testamento. No es como si Dios, en el Antiguo Testamento, fuera una especie de

Deidad gruñona, llena de ira y venganza, que de repente, en el Nuevo Testamento, cambia de opinión y se convierte en un buen tipo. La inclinación del corazón de Dios desde el principio no ha sido que le paguen para que nos perdone (si lo desea, hablaré más adelante sobre cómo hemos malinterpretado toda la idea de sacrificio en el Antiguo Testamento). Cuando se reveló a Moisés, mostró la inclinación de su corazón: "Y pasando Jehová por delante de él, proclamó: ¡Jehová! ¡Jehová! fuerte, misericordioso y piadoso; tardo para la ira, y grande en misericordia y verdad;, que guarda misericordia a millares, que perdona la iniquidad, la rebelión y el pecado, y que de ningún modo tendrá por inocente al malvado; que visita la iniquidad de los padres sobre los hijos y sobre los hijos de los hijos, hasta la tercera y cuarta generación." (Éxodo 34.6,7). Algunas personas saltan directamente al final de ese pasaje sin dejar que la primera parte se asiente. Entonces, miremos por un momento el pasaje y tratemos primero con la parte más difícil.

"El cual de ningún modo tendrá por inocente al culpable, castigando la iniquidad de los padres sobre los hijos y sobre los hijos de los hijos, hasta la tercera y cuarta generación." Hay dos cosas que Dios dice acerca de sí mismo que a primera vista parecen duras e implacables. Primero, que de ninguna manera absolver a los culpables. Pero, ¿no acaba de decir que estaba perdonando? Claro que lo es. Sin embargo, el punto que se destaca aquí es que los pecados tienen consecuencias. Si piensas en la salvación como simplemente cancelar una deuda porque alguien más (Jesús) la pagó, o desplazar un castigo porque alguien más (Jesús) lo tomó, entonces este texto no tiene ningún sentido. Si, por otro lado, te acercas al texto entendiendo que los pecados (plural; pensamientos, palabras y hechos pecaminosos) son el resultado de la enfermedad del pecado dentro de nosotros, entonces incluso si somos perdonados, todavía hay consecuencias. Esta no es simplemente una idea del Antiguo Testamento que de alguna manera es reemplazada por la gracia en el Nuevo Testamento. El mismo Pablo - el Apóstol de la Gracia - nos dice que la forma en que vivimos nuestra vida tiene repercusiones: "No os engañéis; Dios no puede ser burlado: pues todo lo que el hombre sembrare, eso también segará. Porque el que siembra para su carne, de la carne segará corrupción; mas el que siembra para el Espíritu, del Espíritu segará vida eterna." (Gálatas 6.7,8).

Pablo también escribe que todos seremos probados como por fuego: "Conforme a la gracia de Dios que me ha sido dada, yo como perito arquitecto puse el fundamento, y otro edifica encima; pero cada uno mire cómo sobreedifica. Porque nadie puede poner otro fundamento que el que está puesto, el cual es Jesucristo. Y si sobre este fundamento alguno edificare oro, plata, piedras preciosas, madera, heno, hojarasca, la obra de cada uno se hará manifiesta; porque el día la declarará, pues por el fuego será revelada; y la obra de cada uno cuál sea, el fuego la probará. Si permaneciere la obra de alguno que sobreedificó, recibirá recompensa. Si la obra de alguno se quemare, él sufrirá pérdida, si bien él mismo será salvo, aunque así como por fuego." (1 Corintios 3:10-15).

Eso sí, ¡Pablo está escribiendo todas estas cosas a los cristianos! Lo escribió a personas que estaban en Cristo y que fueron perdonadas de sus pecados. Finalmente, este versículo: "Porque es necesario que todos nosotros comparezcamos ante el tribunal de Cristo, para que cada uno *reciba lo que le corresponde* por lo que ha hecho en el cuerpo, sea bueno o sea malo" (1 Corintios 5:10).

Mi punto es que, incluso en el Nuevo Testamento, hay consecuencias para nuestras elecciones tontas e impías: hay consecuencias para abrazar la enfermedad del pecado en lugar de luchar contra ella con uñas y dientes. Tanto en esta vida como, según Pablo, en la vida venidera, hay una purga, un ardor, una limpieza que debe tener lugar. Pero es un ardor de purificación, no un ardor de destrucción.

También Jesús dijo lo mismo: "Porque *todos* serán salados con fuego" (Mc 9,49).).

Pero estoy divagando. Estábamos hablando de lo que Dios le dijo a Moisés. Él nos perdona, pero de ninguna manera absuelve al culpable. Todos cosechamos lo que sembramos.

Dios continúa diciendo algo que ha sido completamente malinterpretado y mal aplicado, y se ha convertido en un fundamento para pensar que Dios castiga a los hijos por los pecados de sus padres (en contra de lo que dice la Biblia en otro lugar; ver Deuteronomio 24.16 y Ezequiel 18.20). Lo que el texto realmente dice es que Dios "visitará las iniquidades de los padres... en la tercera y cuarta generación". Este no es un pasaje de amenazas, es un pasaje que describe la paciencia. Dios aguantará el pecado, será paciente, pero eventualmente lo "visitará" y lo tratará. Una generación camina en contra de Dios y le enseña a la próxima generación a hacer lo mismo. Eventualmente ("la tercera y cuarta generación") el pecado se vuelve (tomando prestadas las palabras de James) "completamente desarrollado" y las consecuencias caen sobre una familia o una nación o una cultura. Pero el arrepentimiento puede cambiar el rumbo: cuando las personas dejan de caminar en la maldad, las cosas cambian para mejor. Todavía hay consecuencias (por ejemplo, familias rotas, enfermedad, miseria), pero la plenitud de las consecuencias se alivia.

Bien, dije todo eso para poder concentrarme en lo que la gente suele pasar por alto: la primera parte del pasaje donde Dios se revela a Moisés: "El Señor, el Señor, un Dios misericordioso y clemente, lento para ira, y Grande en misericordia y fidelidad, guardando misericordia por millares, perdonando la iniquidad, la transgresión y el pecado." El corazón misericordioso, perdonador y de amor inquebrantable de Dios no se mantuvo en secreto hasta Juan 3:16. Es quien Dios ha declarado y mostrado ser desde el principio. El Antiguo Testamento está plagado de esta declaración, desde el Pentateuco hasta los Profetas, y en toda la literatura sapiencial.

Mi punto: el corazón del Padre es bondad amorosa. El deseo de su corazón no es exigir pago o castigo, sino sanar la pecaminosidad de la humanidad.

Bueno, eso es probablemente suficiente para masticar por el momento. Podemos retomar la discusión después de que haya tenido un tiempo para reflexionar.

Dios te bendiga amigo mío,

Obispo Ken

❊❊❊❊❊❊❊❊❊❊❊❊❊❊❊❊❊❊❊❊❊

*Querido Kenneth:*

*Gracias por esa última publicación. Ahora veo que el corazón de Dios es un corazón de amor y perdón. Incluso veo cómo las consecuencias de nuestros pecados pueden provocar el fuego de la purificación y la limpieza y realmente obrar en nosotros los propósitos de Dios, quemando la enfermedad y haciéndonos más como Jesús.*

*¡Pero todo esto me deja un poco confundido en cuanto a por qué Jesús se hizo hombre! Quiero decir, si no fue para pagar*

*nuestra deuda o pagar nuestro castigo, entonces ¿por qué el Hijo necesitaba encarnarse y morir por nosotros? ¡Por favor, ayúdame a entender esto! Siento que estoy empezando a tener una idea y, al mismo tiempo, siento que todo comienza a desmoronarse en mi mente. ¡Ayuda!*

*Sinceramente,*

*Andy*

✲✲✲✲✲✲✲✲✲✲✲✲✲✲✲✲✲✲✲✲

Querido Andy:

¡Yo sé cómo te sientes! Alguien me dijo una vez que, antes de derribar los viejos pilares que sostienen una estructura, lo mejor es construir los nuevos pilares, de lo contrario todo se viene abajo. Usted puede sentir que los pilares que lo han sostenido están siendo derribados, ¡y será mejor que me apresure y le dé algunos pilares nuevos para mantener su fe en su lugar! Permítanme intentar hacer eso alineando los dos puntos de vista (PSA, y el punto de vista más bíblico y antiguo) uno tras otro.

## Los Pilares De Satisfacción Y PSA

Anselmo, y los reformadores después de él, vieron lo que Cristo hizo como una "satisfacción" por la deshonra que Dios había recibido del pecado del hombre, o como un castigo que Cristo pagó a Dios para que Dios nos perdonara. Jesús tomó el castigo por nuestros pecados sobre sí mismo.

## Pilar # 1: Dios Tomó Nuestro Castigo Sobre Sí Mismo

Tal vez haya escuchado que el anuncio de servicio público se describe como una escena en la sala del tribunal. Es algo así: un juez que dice: "Eres culpable. Tu debes pagar." Y el culpable diciendo: "¡Pero yo no puedo pagar!" Así que el juez dice: "Sé que no puedes. Y te amo. Así que pagaré. El juez busca en su billetera, saca $200, paga la multa que acaba de imponer y libera al culpable. En una inspección más cercana, esta historia se desmorona. He aquí por qué: en esta ilustración, el juez no es el trascendente. No se está pagando a sí mismo, le está pagando a alguien más: el estado, la ciudad, el sistema judicial, alguien además de él está recibiendo el pago. El juez saca los $200 de su billetera, pero no solo los guarda en su otro bolsillo, se los da a alguien o algo más allá de sí mismo. Pero Dios no es un juez que tiene a alguien por encima de él: alguien, alguna "cosa", algún "principio", incluso algún "atributo", superior a él. Dios es el Señor Trascendente de Todo. Entonces, en lugar de usar esta ilustración, cambiémosla un poco...

El Rey de la Tierra, que es dueño de todo en el reino, que no responde ante nadie y cuya palabra es la ley, dice: "Eres culpable, así que debes pagar. Has quebrantado mi ley, has ofendido mi honor. Me has robado. Tu debes pagar." El culpable dice: "¡Pero no puedo pagar! ¡No tengo dinero!" Entonces el rey dice: "Sí, sé que no puedes pagar. Pero te amo. Pagaré la pena por ti." Y saca su billetera, saca $200 y se los da a... (ah, aquí es donde se pone raro)... a sí mismo. En otras palabras, no se realizó ningún pago real, el rey simplemente perdonó la deuda.

Si esa ilustración no te funciona, podemos probar con esta. Mismo escenario, rey y culpable. La pena, sin embargo, no es monetaria: son diez años de prisión, o si te gusta más la historia con una pena más dura, puede ser la muerte.

Se dicta la sentencia. El rey dice: "La pena debe pagarse, pero te amo. Así que yo pagaré la pena por ti." Entonces el rey baja de su trono y se quita sus vestiduras reales, y va a prisión por diez años (o, si lo prefiere, le cortan la cabeza). No tiene ningún sentido: no se hace justicia en este escenario, y el rey no solo se corta la nariz para fastidiarle la cara, sino que se corta la cabeza en lugar de conmutar la sentencia.

¡Y ESE ES EL PUNTO! Vuelve a contar toda la historia una vez más. La sentencia llega: "Que le corten la cabeza". Y entonces el rey, cuya palabra es ley, conmuta la sentencia. No se tuvo que hacer ningún pago.

Decir que se tuvo que hacer algún pago para que obtuviéramos el perdón implica que hay algo (al menos algún estándar) más alto que el mismo Dios omnipotente, y también resulta que el perdón no es realmente perdón en absoluto: el pago de se hizo algún tipo (pero más sobre eso más adelante).

**Pilar # 2: Se Hizo Justicia**

"¡Pero se debe hacer justicia!" Dios es un Dios de justicia, y se debe hacer justicia para obtener nuestro perdón, eso dice la gente de PSA. Pero, ¿es la justicia servida por Cristo muriendo para pagar por nuestros pecados?

Si me roba, digamos que entra en mi casa y roba una reliquia familiar preciada, valorada en $ 200,000 (pero que nunca vendería porque valía aún más para mí, era invaluable), lo atrapan y va a juicio. Pero entre el momento en que robaste mi tesoro y te atraparon, lo empeñaste en algún lugar por $ 6,000, luego fuiste y gastaste ese dinero en una buena semana en París. Ahora, vas ante el juez (o el rey) y te sentencian a cadena perpetua. ¿De qué me sirve eso? ¿Se ha hecho justicia *desde mi perspectiva*? ¿Se ha "arreglado" algo? No. Se ha impuesto el castigo, pero no se ha hecho justicia. La noción bíblica de justicia no es "un castigo que se impone", sino "las cosas se hacen bien". Si Cristo *pagó un castigo* por nosotros, y las cosas aún no se han "arreglado", entonces realmente no se ha hecho justicia. Pero, si lo que Cristo hizo fue *llevar nuestro pecado* a su muerte y reconciliarnos con el Padre, entonces el proceso de "hacer todas las cosas nuevas", o *arreglar* todas las cosas, ha comenzado.

## Pilar # 3: Cristo Murió, Luego Dios Perdonó

Volvamos a esto, entonces. No, no perdonó. Se exigió satisfacción. "Te perdono, pero primero alguien tiene que pagar", son las palabras que ponemos en la boca de Dios. Les enseñaríamos a nuestros hijos, si dijeran, que esto no es un perdón real: "Papá, Johnny rompió mi sable de luz, lo perdonaré, pero primero tiene que comprarme uno nuevo". Pero luego damos la vuelta y decimos que así es precisamente como actúa Dios. ¿Por qué diríamos eso? Porque la construcción teológica que hemos abrazado dice eso de él.

El verdadero perdón es desestimar la ofensa. "Perdónanos nuestras ofensas (o como algunos dicen, "deudas"), así como nosotros perdonamos a los que nos ofenden". ¡Por el amor de Dios, rezamos esta oración que Jesús nos enseñó! El tipo de perdón de Dios y nuestro tipo de perdón deben ser el *mismo* tipo de perdón. Pero en cambio, se nos dice que *debemos* perdonar sin buscar el pago, pero Dios perdona solo después de que se ha hecho el pago, concedido, pago que nosotros mismos no pudimos hacer, por lo que el Hijo lo hace por nosotros, y el pago es la muerte misma. Sin embargo, la Biblia nos dice que debido a que hemos sido perdonados por Dios, nosotros, *de la misma manera,* debemos perdonar a los demás. Jesús señaló este punto en La parábola del siervo que no perdona (sé que puede tener la tentación de omitir el texto, pero tómese el tiempo para leerlo):

> Entonces Pedro se acercó y le dijo: "Señor, ¿cuántas veces pecará mi hermano contra mí, y yo lo perdonaré? ¿Hasta siete veces? Jesús le dijo: "No te digo siete veces, sino setenta y siete veces.
>
> "Por lo tanto, el reino de los cielos puede compararse con un rey que deseaba ajustar cuentas con sus siervos. Cuando comenzó a hacer arreglos, le trajeron uno que le debía diez mil talentos. Y como no podía pagar, mandó su amo que lo vendieran con su mujer y sus hijos y todo lo que tenía, y que se hiciera el pago. Entonces el siervo se arrodilló, rogándole: 'Ten paciencia conmigo, y te lo pagaré todo'. Y por piedad de él, el amo de ese siervo lo soltó y le perdonó la deuda. Pero cuando ese mismo siervo salió, encontró a uno de sus consiervos que le debía cien denarios, y agarrándolo, comenzó a ahogarlo, diciendo: "Paga lo que debes." Entonces su consiervo se echó al suelo y

le rogaba diciendo: 'Ten paciencia conmigo, y te pagaré.' El rehusó y fue y lo metió en la cárcel hasta que pagara la deuda. Al ver sus consiervos lo que había pasado, se entristecieron mucho, y fueron y contaron a su señor todo lo que había pasado. Entonces su amo lo llamó y le dijo: "¡Siervo malvado! Te perdoné toda esa deuda porque me rogaste. ¿Y no debiste tú tener misericordia de tu consiervo, como yo tuve misericordia de ti? Y su amo, enojado, lo entregó a los carceleros, hasta que pagara toda su deuda. Así también mi Padre celestial hará con cada uno de vosotros, si no perdonáis de corazón a vuestro hermano" (Mateo 18,21-35).

El perdón no requiere pago. De hecho, desestima particularmente el pago.

Y ese es el punto: podemos decir que "se realizó el pago" o "se otorgó el perdón". Pero no podemos decir ambos. Los dos son mutuamente exclusivos.

*Si,* por otro lado, vemos lo que Cristo realizó no como el pago de una pena que el Padre exigió (poniendo así una especie de conflicto entre el Padre y el Hijo) y que nosotros no pudimos pagar, si eliminamos la noción completamente de la pena- y, en cambio, vea esto como una operación de rescate del corazón del Padre, a través de la acción del Hijo, para venir a nuestro mundo, para hacerse uno de nosotros, no para evitar la ira de Dios contra nosotros, sino para *rescatarnos de nuestro pecado*, entonces todo tiene sentido. Hemos estado contando la historia equivocada cuando hablamos del juez o el rey y el juicio y la pena. La historia correcta es que estábamos espiritualmente enfermos de muerte, y Dios despreció, no a nosotros, sino a la enfermedad que nos estaba devastando. Y asumió nuestra humanidad, sufrió las consecuencias de la misma enfermedad ("Al que no conoció pecado, por nosotros lo hizo pecado, para que nosotros fuésemos hechos justicia de Dios en él", nos dice Pablo en 2 Corintios 5.21). ) y murió, pero venció a la muerte, se levantó victorioso, venciendo al pecado, al infierno y a la muerte. Y luego nos inocula una transfusión de su vida de resurrección, y comienza a obrar en nosotros una sanación que conquista gradualmente el poder y el efecto del pecado, y en el último día conquistará en nosotros la misma muerte.

Es una operación de rescate, de principio a fin.

Bueno, amigo, supongo que eso es suficiente por el momento. He intentado desmantelar los pilares de PSA; en la próxima carta espero levantar rápidamente algunos pilares nuevos para apoyar su fe.

Ken

❊❊❊❊❊❊❊❊❊❊❊❊❊❊❊❊❊❊❊❊❊

*Estimado Ken:*

*Está bien. Estoy listo para los nuevos pilares, ¡pero no pierdas mucho tiempo! Siento que el techo a mi alrededor empieza a caer y necesito algo de apoyo. Ahora veo que los pilares de PSA han sido bastante débiles. Estaba hablando con un amigo mío ateo sobre nuestra fe y le dejé leer lo que escribiste. Quizás aprecies lo que dijo: "¡Guau! ¡Eso me voló la cabeza! Acaba de aclarar uno de los grandes problemas que tengo con el cristianismo. Dile gracias.*

*Entonces, amigo, estoy haciendo mi pedido de nuevos pilares. Por favor, no se demore en la entrega.*

*Tu amigo,*

*Andy*

**********************

Estimado Andy:

¡El comentario de tu amigo ateo me alegró el día! Oro para que llegue a creer que Dios es, y que vea y acepte el amor que Dios tiene por él. Usted ha pedido nuevos pilares, y ahora espero entregarlos a *toda prisa*.

En Mateo 1.20-21 leemos: "Mientras [José] consideraba estas cosas, he aquí un ángel del Señor se le apareció en sueños y le dijo: José, hijo de David, no temas recibir a María tu mujer, porque lo que es concebido en ella es del Espíritu Santo. Ella dará a luz un hijo, y llamarás su nombre Jesús, porque él salvará a su pueblo de sus pecados.'"

Note la última frase en particular: "Él salvará a su pueblo de sus pecados".

Este texto a veces se lee en Navidad. Pero si nuestros pensamientos navideños no son más profundos que el sentimentalismo: el gentil Jesús acostado en un pesebre, una dulce madre con un dulce niño, una imagen de calidez, maternidad e inocencia, entonces le hemos hecho un flaco favor al evento, porque esto no era una típica madre y este no era un niño típico. Aquí estaba una virgen - dando a luz un hijo, y aquí estaba un hijo, no de algún hombre, sino de Dios mismo, quien, le dijo el ángel a José, "salvaría a su pueblo de sus pecados". La pregunta que tenemos ante nosotros es, *¿cómo* este hijo de María salva a su pueblo de sus pecados?

## Pilar # 1: La Humanidad Fue Infectada Con El Pecado

"Te matará", no "Te mataré". Es sorprendente la diferencia que una pequeña palabra puede hacer en una oración, pero la "a" cambiándola por "e" es de gran importancia. Cuando Dios colocó a Adán y Eva en el Jardín del Edén, les dijo que comieran libremente de cualquier árbol del Jardín excepto uno: el árbol del conocimiento del bien y del mal. Por supuesto, todos conocemos la historia: la primera pareja en la tierra desobedeció a Dios y comió del único árbol que no debían. La consecuencia fue la muerte, no sólo para ellos, sino para todos los que vendrían después de ellos. La muerte se desató sobre la humanidad. Pablo escribe, "...el pecado entró en el mundo por un hombre, y por el pecado la muerte, así la muerte pasó a todos los hombres por cuanto todos pecaron" (Romanos 5.12).

Es importante notar que Dios les dio una *advertencia*, no una *amenaza*. No dijo: "Si comes del árbol, los mataré". Él dijo, "mas del árbol de la ciencia del bien y del mal no comerás, porque el día que de él comieres, ciertamente morirás" (Génesis 2.17). Aquí está la diferencia entre una advertencia y una amenaza: tienes una niña de tres años en tu casa y le dices: "Hagas lo que hagas, no pongas nada en ese tomacorriente, o te vas a morir". La niña procede, tan pronto como le haya dado la espalda, a insertar un tenedor justo en el tomacorriente. ¡Auch! Ella grita. Corres hacia ella. Está viva pero aterrorizada. Si lo que le dijo a ella fue una advertencia, que así sea. Afortunadamente, ella *no* murió, y lo más probable es que nunca vuelva a hacerlo. Si, por otro lado, lo que le dijo fue una amenaza, entonces usted vas a la cocina, toma un cuchillo grande y lo clava en su corazón. ¡Le *dio* que moriría si te desobedecía!

¿Qué clase de padre es este, que amenazaría a un niño en lugar de advertir? Llamaríamos a ese padre abusivo, retorcido y con la cabeza loca, pero atribuimos precisamente las mismas características a Dios y lo llamamos bueno.

Coincidentemente, Dennis Henderson, un pastor amigo mío, acaba de pasar a visitar y le escribí la oración que "cambia con una letra":

"Te matará".

"Te mataré."

Le pregunté: "¿Por qué leemos el versículo de Génesis como una amenaza en lugar de una advertencia? Tal vez tenga algo que ver no solo con la teología de Anselm, sino también con su psicología, ya que su padre era tan opresivo y abusivo que Anselm se fue de casa y emprendió una vida salvaje cuando era adolescente. Y, sin embargo, esta es en gran medida la imagen de Dios que hemos pintado". Mi amigo Dennis respondió: "A diferencia de la imagen de Dios que Jesús mismo pintó en la parábola del hijo pródigo". ¡Exactamente! Jesús retrata a Dios como un Padre amoroso, reconciliador y perdonador. Lo hemos plasmado como un monstruo.

Permítame volver al punto del asunto: Adán desobedeció a Dios y el pecado entró en el mundo y por el pecado entró la muerte. Adán y Eva fueron infectados con una enfermedad espiritual. Se lo transmitieron a sus hijos. Todos pecan (porque tenemos la enfermedad espiritual del pecado) y todos mueren. Lo que necesitamos no es un curso de ética, necesitamos sanación. ¡Necesitamos salvación! Pero dado que cada uno de nosotros tiene la enfermedad, no hay forma de que lo logremos. Necesitamos sanación más allá de la que conocemos.

## Pilar # 2: Dios Se Hizo Hombre

Adán pecó, la humanidad cayó en el pecado y la muerte, y necesitábamos un sanador, un redentor, un salvador del más allá que viniera en nuestra ayuda.

Andy, esta puede ser la oración más importante que te escribo en todo el curso de nuestra conversación: *Nuestro enfoque debe cambiar de la ira de Dios a la desesperación de la humanidad*. Dios envió a su Hijo a este mundo, no para "pagar nuestra deuda" o "sufrir nuestro castigo", donde ambos casos se enfocan en apaciguar a un Padre enojado u ofendido. ¡Dios envió a su Hijo a esta palabra, porque nos *amaba* y tenía la intención de hacer algo para cambiar nuestra condición! Una vez más, el famoso verso, esta vez con el siguiente verso añadido en medida: "Porque de tal manera amó Dios al mundo, que ha dado a su Hijo unigénito, para que todo aquel que en él cree no se pierda, más tenga vida eterna. Porque Dios no envió a su Hijo al mundo para condenar al mundo, sino para que el mundo sea salvo por él" (Juan 3.16,17).

Como un pequeño experimento teológico, reduzca esos versículos, eliminando la parte central: "Porque de tal manera amó Dios al mundo, que dio a su Hijo unigénito... para que el mundo sea salvo por él".

Nuevamente, el corazón del Padre no es un corazón ofendido que debe ser apaciguado, sino un corazón lleno de amor que ama *activamente*.

Entonces Dios se hace hombre en Jesucristo. Él es Emanuel, "Dios con nosotros". Él asumió nuestra naturaleza, completamente (nuevamente, si el pecado es parte de nuestra naturaleza en lugar de una temida enfermedad espiritual, entonces el Hijo no asumió nuestra naturaleza completa). Él "nacido de una mujer, nacido bajo la Ley" (Gálatas 4.4).

El sacrificio de Cristo no comenzó en la cruz, comenzó en la Encarnación. Gran parte de la teología occidental (y esto puede ser de la

Iglesia de Roma o la iglesia bautista que se encuentra al final de nuestra calle, o en cualquier lugar entre esos dos escenarios) se centra tan particularmente en el acontecimiento de la muerte de Jesús (¡y claro que fue un evento glorioso!) que no se logra ver el hecho de que Dios se hiciera hombre era un sacrificio en sí mismo. El corazón del Padre es un corazón desprendido, no un corazón ofendido.

## Pilar # 3: Jesús Limpió Nuestro Pecado

El Hijo se sacrificó a si mismo...

¡Espera! Me di cuenta de que ni siquiera podemos hablar de sacrificio sin convertirlo en algún tipo de "pago" o "penalización". Hemos estado tan inmersos en la PSA que la noción misma de Cristo sacrificándose a sí mismo es, en nuestras mentes, Cristo sacrificándose a sí mismo *por* alguien, y en este caso, *por el Padre*. Pero pensemos en el sacrificio utilizando términos diferentes. En lugar de par*a* alguien, piensa en ello como *por* alguien.

¿Recuerdas a esa niña de tres años al que le advertiste que no metiera el tenedor en el tomacorriente? Ella lo hace de todos modos, pero afortunadamente sobrevive. Seis semanas después, estás caminando por la acera y ella camina hacia la calle y se pone frente a un autobús que se aproxima. Sin dudarlo, porque la amas con todo tu corazón, te lanzas frente al autobús, la empujas a un lugar seguro y tú mismo eres atropellado por el enorme autobús y te quedas con una pierna rota, tres costillas rotas y un dolor de cabeza que dura semanas. Te sacrificaste, no *para* alguien, sino *por* alguien. Sucede todo el tiempo en menor y mayor grado. Una mujer sacrifica una velada y su delicado sentido de la buena música, para poder llevar a su esposo a ver a Bob Dylan en concierto; un padre sacrifica la compra de un auto nuevo para poder pagar la matrícula universitaria de su hija; un soldado sacrifica su vida para que sus compatriotas puedan disfrutar de la libertad. Ninguno de estos sacrificios se hace para calmar a alguien, se hacen desde un corazón repleto de amor - "Nadie tiene mayor amor que este, que uno ponga su vida por un amigo" (Juan 15.13).

¿Dónde me quedé? Oh, en que el Hijo se sacrificó como un acto de redención. Se sacrificó a sí mismo asumiendo nuestra naturaleza humana y asumiendo nuestra dolencia humana. "Al que no conoció pecado, por nosotros lo hizo pecado, para que nosotros fuésemos hechos justicia de Dios en él" (2

Corintios 5:21). Jesús asumió nuestra condición (aunque no pecó), y los resultados fueron los mismos que los nuestros: murió. Muerto. Real y verdaderamente muerto. No un poco muerto. No parcialmente muerto. Muerto, muerto de verdad. Desciende al lugar de los muertos. La enfermedad tuvo el mismo efecto sobre él que sobre nosotros. Lo mató.

Pero al tercer día Jesús resucitó de entre los muertos. ¿Qué? ¡Un muerto venció a la muerte! ¿Cómo puede ser esto? ¡Jesús venció a la muerte! Nadie más había vencido jamás a esta enfermedad, nadie más había vencido jamás al pecado y a la muerte. Pero este hombre, Jesús el Cristo, hizo precisamente eso. ¡Se levantó de entre los muertos anunciándose como el *antídoto* contra nuestra enfermedad mortal!

En ese único, completo y fluido movimiento directo desde el cielo a la tierra, luego al infierno, luego a la tierra y de regreso al cielo, de la encarnación a la muerte, al descenso a los infiernos, a la resurrección, a la ascensión, Jesús cumplió las palabras de Juan el Bautista: "He aquí el cordero de Dios, que quita el pecado del mundo" (Juan 1,29).

Al conocerlo experimentalmente, a través de la conversión, a través de la Palabra de Dios, a través del proceso de santificación, a través de los Sacramentos, estamos recibiendo constantemente el antídoto para nuestra enfermedad. Él nos lava en aguas curativas, nos da una transfusión de sangre espiritual. ¡Piensa en la Sagrada Comunión bajo *esta sabiduría*! Pablo escribió (en 1 Corintios 10:16), "La copa de bendición que bendecimos, ¿no es la comunión de la sangre de Cristo? El pan que partimos, ¿no es la comunión del cuerpo de Cristo?" Pedro escribe: "lleguéis a ser participantes de la naturaleza divina, habiendo huido de la corrupción que hay en el mundo a causa de los deseos pecaminosos" (2 Pedro 1.4b).

¡Cristo venció la muerte, para así luego darnos una porción de *su* ADN espiritual!

Todavía no estamos completamente curados. Pero estamos mejorando. El pecado está perdiendo su poder sobre nosotros. Y en el Último Día nos uniremos a Jesús en su victoria sobre la muerte. Le daremos una patada en la cara a la tumba, y venceremos como él venció. Nos vestiremos de inmortalidad. Porque – ese algo - nació - entre nosotros.

Andy, creciste en Suiza, ¿has viajado mucho por Europa? ¿Has estado en la

Mezquita en Córdoba, España? Cuando se construyó era la mezquita más grande del mundo, y ahora es una iglesia cristiana. Es uno de los edificios más asombrosos en los que he estado. Cuando entras, inmediatamente te abruma la cantidad de columnas que hay en el lugar; parece que hay más de mil. Solo mencionado algunos pilares aquí para poder ver de forma diferente lo que Cristo logró, y tal vez estos sean suficientes para al menos sostener la estructura de tu fe. Pero debo decirte que cuanto más leas las Escrituras bajo esta luz, más columnas encontrarás para fortalecer tu comprensión. Me parece que casi cada vez que tomo mi Biblia veo algo más que confirma este mensaje del corazón amoroso del Padre y la misión de rescate del Hijo.

Obviamente, hay algunos pasajes en la Biblia que hacen que una persona se detenga. Esto sucede sin importar qué tema estemos viendo. Pero cuanto más estudio la Palabra de Dios bajo esta luz, incluso los textos que al principio parecían contrarios a lo que estoy diciendo, de repente caen en su lugar como columnas de apoyo. Espero que sea lo mismo para ti.

Por favor, no dudes en escribirme de nuevo si tienes más pensamientos.

Bendiciones,

Kenneth

# Capitulo Cinco

# Propiciación Y Sacrificio

## No Significan Lo Que Crees Que Significan

*Estimado Obispo:*

*Aprecio mucho esa última carta. Respondió muchas preguntas y me dio algunos pilares para poder reemplazar los pilares antiguos. Por cierto, sí, he estado en la Mezquita. Una cosa que me impresionó fue la vívida vida y el color de las columnas y paredes en la parte de la "iglesia", todo cubierto con pinturas de santos y ángeles, en contraste con los sobrios diseños en naranja y blanco en el resto de las columnas. ¡Realmente muestra la vida que se encuentra en la fe cristiana!*

*Dijiste en tu última carta que cuanto más leías las Escrituras, más sentido tenía para ti este punto de vista de la Expiación. Creo que estoy teniendo exactamente la experiencia opuesta. Sin duda, algunos de los textos que leo realmente tienen más sentido cuando los leo bajo esta luz, pero hay algunos pasajes muy significativos que parecen pasar una motosierra a los pilares. Es casi como si estuvieran ahí en la Biblia como prueba contundente de que lo que estás diciendo está mal, o al menos está muy incompleto. De hecho, después de leer y releer nuestra discusión en curso, y pensar mucho en lo que has dicho, casi llego a la conclusión de que la Biblia misma se equivoca sobre lo que Cristo logró. Simplemente no puedo alejarme de la idea del castigo: que Cristo tomó el castigo por nosotros. Pero tampoco puedo aceptar más esa idea. No sé si me puedes ayudar con estos pasajes, porque me parecen bastante claros, pero estoy dispuesto a dejar que lo intentes.*

*En primer lugar, están esos versos memorables de El cántico del Salvador sufriente, en Isaías 53 que, según tengo entendido, profetizan el sufrimiento del Mesías por nosotros. Es un pasaje largo que, por lo que puedo entender, dice muy claramente que el Mesías fue castigado por nosotros:*

> *4 Ciertamente él ha llevado nuestros dolores*
> *y llevó nuestros dolores;*
> *mas lo tuvimos por azotado,*
> *herido de Dios, y afligido.*
> *5 Pero él fue traspasado por nuestras transgresiones;*
> *fue molido por nuestras iniquidades;*
> *sobre él fue el castigo que nos trajo la paz,*
> *y con sus heridas somos curados.*
> *6 Todos nosotros nos descarriamos como ovejas;*
> *nos hemos apartado, cada uno, por su camino;*
> *y el Señor ha puesto sobre él*
> *la iniquidad de todos nosotros.*
> *7 Fue oprimido y afligido,*
> *pero no abrió su boca;*
> *como un cordero que es llevado al matadero,*
> *y como oveja que ante sus trasquiladores permanece muda,*
> *así que no abrió su boca.*

*8 Por opresión y juicio fue quitado;*
*y en cuanto a su generación, que consideró*
*que fue cortado de la tierra de los vivientes,*
*herido por la transgresión de mi pueblo?*
*9 E hicieron su sepulcro con los impíos*
*y con un rico en su muerte,*
*aunque no haya hecho violencia,*
*y no hubo engaño en su boca.*
*10 Sin embargo, fue la voluntad del Señor aplastarlo;*
*lo ha puesto en aflicción;*
*cuando su alma haga una ofrenda por la culpa,*
*verá su descendencia; prolongará sus días;*
*la voluntad del Señor prosperará en su mano.*
*11 De la angustia de su alma verá, y se saciará;*
*por su conocimiento el justo, mi siervo,*
*haz que muchos sean tenidos por justos,*
*y él llevará sus iniquidades.*
*12 Por tanto, le daré parte con muchos,*
*y repartirá despojos con los fuertes,*
*porque derramó su alma hasta la muerte*

*y fue contado con los transgresores;*
*sin embargo, él llevó el pecado de muchos,*
*y hace intercesión por los transgresores.*

*Las partes que me inquietan son:*

- *Le tuvimos por herido, azotado de Dios...*

- *Sobre él fue el castigo que nos trajo la paz...*

- *Jehová cargó sobre Él el pecado de todos nosotros...*

- *Azotado por la transgresión de mi pueblo...*

- *Fue la voluntad del Señor aplastarlo...*

- *Cuando su alma haga una ofrenda por la culpa...*

- *Él llevará sus iniquidades...*

*Esto también trae a colación, para mí, toda la cuestión de los sacrificios judíos. ¿No eran estos "precursores" o "ejemplos" o "tipos" del sacrificio de Cristo que había de venir? ¿No ordenó Dios que se le ofrecieran sacrificios? ¿Y no se hicieron estos sacrificios para obtener el perdón de Dios? ¿Cómo cuadra esto con lo que estás diciendo?*

*Las otras Escrituras que casi prueban el entendimiento del PSA son del Nuevo Testamento, y todas tienen la palabra "propiciación" en ellas:*

> *Romanos 3.25: ...a quien Dios puso como propiciación por su sangre, para ser recibido por la fe. Esto fue para mostrar la justicia de Dios, porque en su paciencia divina había pasado por alto los pecados anteriores.*
>
> *Hebreos 2.17: Por tanto, debía ser en todo semejante a sus hermanos, a fin de llegar a ser un sumo sacerdote misericordioso y fiel en el servicio de Dios, para expiar los pecados del pueblo.*
>
> *1 Juan 2.2: Él es la propiciación por nuestros pecados, y no sólo por los*

*nuestros, sino también por los de todo el mundo.*

*1 Juan 4,10: En esto consiste el amor, no en que nosotros hayamos amado a Dios, sino en que él nos amó y envió a su Hijo en propiciación por nuestros pecados.*

*La definición del diccionario de "propiciación" es "La acción de apaciguar a un dios, espíritu o persona". Simplemente parece ir en contra de lo que me estás diciendo.*

*Honestamente, estoy empezando a sentirme como la Mezquita: tengo una sobreabundancia de pilares, ¡y algunos de ellos no combinan con el resto!*

*Ayúdame si puedes,*

*Andy*

❊❊❊❊❊❊❊❊❊❊❊❊❊❊❊❊❊❊❊❊❊❊

Estimado Andy:

Oh amigo, solo leer tu carta casi me agota, y más aún pensar en cómo será que voy responder a ella. Hay tantas cosas que decir en respuesta que no sé por dónde empezar.

Permíteme pensar en voz alta por un minuto. Creo que lo que haré será intentar responder a tus preguntas de atrás hacia adelante. Comenzaré con los versículos de "propiciación" del Nuevo Testamento, hablaré un poco sobre el sistema sacrificial judío, luego abordaré ese formidable pasaje de Isaías. Todo el tiempo estaré orando para que Dios me dé claridad en mi escritura, porque existe el peligro de que esto sea tan complicado que se convierta en un desastre complejo. Mi temor es que mis palabras te confundan *más* las cosas en lugar de aportar claridad. Sin embargo, ¡estoy a punto de saltar hasta el fondo!

## Propiciación

Los cuatro pasajes que citó (de tres escritores diferentes del Nuevo Testamento, nada menos de ahí) dicen inequívocamente que Jesús es la propiciación por nuestros pecados. La pregunta es, entonces, ¿qué significa propiciación?

Por favor tengame paciencia mientras intento descomprimir la palabra un poco. Honestamente, esta palabra fue una *gran* llave inglesa en mi pensamiento cuando estaba en la transición de sentirme incómodo e insatisfecho con el PSA a llegar al punto de decir: "No, simplemente ya no lo creo".

Tienes razón sobre la definición del diccionario. Esto es lo que encontré:

> *Propiciación: Sustantivo - La acción de propiciar o apaciguar a un dios, espíritu o persona.*
>
> *Propiciar: Verbo - Ganar o recuperar el favor de (un dios, espíritu o persona) haciendo algo que les agrada. Sinónimos: aplacar - apaciguar - conciliar - pacificar - apaciguar.*

Entonces, si aceptamos al pie de la letra la definición en español, Jesús murió en la cruz para "aplacar, apaciguar, conciliar, pacificar, ablandar" al Padre. Pero sugiero que dejemos el español por un momento y profundicemos en la palabra que estos escritores realmente usaron.

En griego la palabra es *hilasterion*. En la cultura pagana griega, la palabra se usa ciertamente para apaciguar a un Dios enojado. Pero en la *Septuaginta* (la traducción del Antiguo Testamento usada por los Apóstoles -

la que citaron cuando dieron referencias al Antiguo Testamento en sus escritos) *hilasterion* es la palabra para "propiciatorio" en Éxodo. Recuerda, el Arca del Pacto contenía una copia de la Ley (*la* copia de la Ley), y el propiciatorio era la "tapa" del Arca. La Ley demanda nuestra perfección, pero el propiciatorio cubrió esas demandas - y fue allí donde la sangre fue rociada en el Día de la Expiación.

Ahora, la pregunta es, cuando los escritores del Nuevo Testamento (Juan, Pablo y quienquiera que haya escrito Hebreos) usan *hilasterion*, ¿se están refiriendo a una definición griega pagana (apaciguar a un Dios enojado) o de una definición de la *Septuaginta* del Antiguo Testamento (cubrir para protegerno en nuestra falta de estar a la altura de la Ley)? Recuerda, estos tres escritores eran todos judíos. Mi dinero está en la última opción. Vuelva ahora y lea esos versículos a la luz de lo que acabo de compartir.

Entonces, Cristo es el *hilasterion* - la "cobertura" - que nos protege de la maldición de la Ley. Él es el lugar donde la sangre de la expiación es rociada, derramada, esparcida. Una vez más, el enfoque cambia: la idea no es que Cristo murió para cambiar al Padre (¿no es él inmutable?), sino para cambiarnos a nosotros. Su sacrificio de sí mismo, iniciado en el corazón mismo del Padre, es nuestra cobertura y nuestra expiación.

¿Sabes qué? Ahora recuerdo una carta que le escribí a alguien sobre este mismo tema, y voy a compartir la carta completa con usted. Será un poco repetitivo, pero la repetición es buena para aprender, ¿no? Además, traté de ser agradable y hacer una referencia a una canción de Dylan, así que si no lo "entiendes", simplemente ignóralo. La carta comienza hablando de Dios diciéndole a Abraham que sacrifique a Isaac. Aquí está:

> Bien, antes de llegar a la palabra y su definición, un poco de trasfondo teológico/filosófico. Dios no es como los dioses paganos que tienen que ser "comprados" o de lo contrario causarán estragos en la vida, nuestras extremidades y propiedades. Piensa en Abraham ofreciendo a Isaac: Dios le dice "toma a tu hijo y ofrécelo como sacrificio". Eso es impensable para nosotros. No concuerda con nuestro sentido de la justicia o cualquier otra cosa. Parece bárbaro. *es* bárbaro. Y ese es el punto. Dios dice: "Ofréce tu hijo" a Abraham, que es de una cultura pagana; esa es *la norma* en la cultura

pagana, por lo que Abe dice: "¿Dónde quieres que se haga esta matanza?" Y Dios dice: "En la carretera 61". - Oh, espera, estoy divagando. ¿Dónde estaba?

Ah, sí, entonces Abraham va a seguir con la tradición *pagana,* y sube a la cima de la montaña y Dios *lo detiene.* "Abe, así no es como hacemos las cosas. Así no es como te relacionas conmigo. No me compras matando a tu hijo. No soy el tipo de Dios que tu padre adora." *Cambio de paradigma*: un Dios que no está complacido con la sangre de toros y cabras (o niños), sino que se sacrifica por *nuestra* integridad.

Entonces, si consideramos la palabra *propiciación* (griego: *hilasterion*) como una especie de soborno religioso para apaciguar a un Dios enojado, estamos haciendo que Dios sea como los dioses paganos que necesitan ser apaciguados. No es así como se describe a sí mismo en lo más mínimo: "paciente" y "lleno de misericordia" y "que perdona a miles" y todas esas otras palabras que usa para describirse a sí mismo. Él es *justo,* sí, y *recto,* sí, pero un juez *justo* y *recto hace las cosas bien,* no necesita ser sobornado. Dios no es el tipo de Dios que exige un pago. Él nos enseña a hacer específicamente lo contrario de tales actitudes (ya sabes, todas las lecciones de "perdona setenta veces siete", "ama a tus enemigos" y "no devuelvas mal por mal"). Él es el tipo de Dios que, en lugar de exigir el pago, en realidad se sacrifica a sí mismo para reconciliar consigo a los pecadores.

*La propiciación* (*hilasterion*) no debe interpretarse con un entendimiento *pagano*, sino bíblico. La palabra se usa en la *Septuaginta* (y en Hebreos) para "el propiciatorio". El trono (de *misericordia*, fíjate) que "cubre" el arca que contenía la Ley. El poder puro de la Ley nos condenaría (todos hemos pecado), pero Cristo es nuestro "propiciatorio", él es la cubierta. El sacrificio de Cristo de sí mismo *no* es un sacrificio *al* Padre, sino un sacrificio para rescatarnos del pecado. No es un "pago" a una deidad enojada. Es el sacrificio de uno mismo para salvar a otro. Si tuvieras un hijo que amaba (un hijo, una hija, una sobrina o un sobrino) el cual se detuviera frente a un camión que se aproximaba, te sacrificaría para salvar al niño, pero no le *pagaría* a nadie para salvarlo. Así es con el sacrificio de Cristo. Él es la *propiciación* (*hilasterion*) - el propiciatorio, la cubierta - **por nuestros pecados**, y no el estilo pagano de propiciación - pagandole a un dios enojado.

## Sacrificios Judíos

Andy, obviamente tienes una buena cabeza sobre tus hombros, y has pensado a lo largo de esto de manera profunda, donde otros podrían simplemente aceptar lo que estoy diciendo al pie de la letra. Te aplaudo por tu tenacidad y consideración. Tienes razón en que el sistema religioso judío giraba en torno a los sacrificios, y que estos fueron ordenados por Dios para el pueblo de Israel. Hay demasiados sacrificios para que entremos aquí, y la mayoría de ellos no tienen nada que ver con el pecado, y nada que ver con la sangre. Pero esa es una discusión para otro momento. Basta decir que los sacrificios eran *el centro* en el culto judío.

Y, sin embargo, también leemos en el Antiguo Testamento que lo que Dios realmente busca no son sacrificios y holocaustos, sino una *relación*:

Salmo 40.6-8: "Sacrificio y ofrenda no te agrada; Has abierto mis oídos; Holocausto y expiación no has demandado. Entonces dije: He aquí, vengo; En el rollo del libro está escrito de mí; El hacer tu voluntad, Dios mío, me ha agradado,Y tu ley está en medio de mi corazón'"

Isaías 1.11: "¿Qué es para mí la multitud de vuestros sacrificios? dice el Señor; Estoy harto de los holocaustos de carneros y de la grasa de las bestias bien alimentadas; No me deleito en la sangre de toros, ni de corderos, ni de cabras."

Jeremías 7.21,22: "Porque el día que los saqué de la tierra de Egipto, no hablé a vuestros padres ni les mandé acerca de holocaustos y sacrificios. Pero este mandamiento les di: 'Obedezcan mi voz, y seré su Dios, y ustedes serán mi pueblo. y andad en todo el camino que yo os mando, para que os vaya bien."

Oseas 6.6: "Porque deseo misericordia y no sacrificio, el conocimiento de Dios más que holocaustos".

Ahora, salta al Nuevo Testamento. En el Evangelio de Marcos uno de los escribas le pregunta a Jesús cuál es el mayor mandamiento. Jesús le dijo: "Lo más importante es: 'Escucha, oh Israel: El Señor nuestro Dios, el Señor uno es. Y amarás al Señor tu Dios con todo tu corazón y con toda tu alma y con toda tu mente y con todas tus fuerzas.' El segundo es este: 'Amarás a tu prójimo como a ti mismo.' No hay otro mandamiento mayor que estos." Puedes observar, Andy, que no hay nada en estos dos "grandes mandamientos" que se refiera a los sacrificios. Son sobre el amor y la relación y hacer el bien.

Entonces, el escriba le dice a Jesús: "Tienes razón, Maestro. Verdaderamente has dicho que Él es uno, y que no hay otro fuera de él. Y amarlo con todo el corazón y con todo el entendimiento y con todas las fuerzas, y amar al prójimo como a uno mismo, *es mucho más que todos los holocaustos y sacrificios*". Este tipo "lo entendió". Comprendió que lo que Dios buscaba no era la observación técnica de la ceremonia religiosa con sacrificios, sino vivir una vida de bondad y amor a Dios. Jesús quedó impresionado con este escriba: "Y viendo Jesús que respondía sabiamente, le dijo: No estás lejos del reino de Dios" (Marcos 12:28-34).

Independientemente de lo que digamos sobre los sacrificios en el Antiguo Testamento, por importantes que fueran, *los sacrificios eran secundarios*. Lo que realmente contaba era vivir una vida de amor hacia Dios y hacia los demás.

Pero aún hay más. Los judíos no consideraban que los sacrificios realmente trataran con el pecado. El escritor de Hebreos nos dice: "Porque la sangre de los toros y de los machos cabríos no puede quitar los pecados" (10.4).

Lo que me han enseñado y he creído es que los judíos ven los sacrificios como apaciguadores de Dios. Eso encaja muy bien con la comprensión de las cosas por parte de los PSA. Pero resulta que lo que me enseñaron y creí está mal.

Decidí ir a investigar mi información "directamente de la boca del caballo". Escribí a varios eruditos judíos con una pregunta. Esto es lo que escribí:

> Soy un producto del cristianismo occidental que ha puesto un fuerte énfasis en lo que se llama *Expiación Penal Sustitutiva (PSA)*: la doctrina de

que Cristo murió (a) en nuestro lugar, (b) como pago de un castigo, (c) para apaciguar la justa ira de Dios.

Ahora, el cristianismo *primitivo* no tiene esta doctrina. Y los cristianos posteriores que desarrollaron y mantuvieron esta doctrina utilizan el argumento de que los antiguos sacrificios de sangre judíos son evidencia de que la justa ira de Dios debe ser apaciguada.
Entonces, ¿alguien puede ayudarme? ¿Cuál es el propósito de los sacrificios de sangre en la antigua teología judía?

Andy, tengo que decirte que *me sorprendieron* sus respuestas. Lo que me dijeron, todos ellos, en pocas palabras, es que sacrificarse para apaciguar la ira de Dios es un concepto completamente ajeno a ellos, y lo ven como una "invención cristiana". Les señalé que era un invento cristiano *tardío*, porque los primeros cristianos tampoco veían las cosas así.

Entonces, ¿para qué sirven los sacrificios? Un compañero respondió: "Estrictamente hablando, no tiene sentido lógico que Dios necesite algo de nosotros ni que al darle algo a Dios podamos absolver los pecados. Entiendo los sacrificios por lo que provocan en las personas. Como los judíos bíblicos eran en gran parte agrarios, los sacrificios que involucraban animales y frutas/ verduras eran significativos y al hacerlo inspiraban asombro y demostraban una cantidad de renuncia".

Cuando se le preguntó: "¿Se hicieron los sacrificios de animales para apaciguar a Dios y evitar la ira de Dios, o se hicieron para limpiar a las personas del pecado?" otro compañero judío respondió: "Ninguna de las dos. Ambas posibilidades asumen que a Dios le falta algo y lo requiere de nosotros. El sacrificio *es para el que lo ofrece*. Una experiencia visceral para injertar una acción de contacto (con un costo monetario) en la noción abstracta de arrepentimiento". Otro escribió: "Estoy en total acuerdo con las respuestas anteriores. Para reducirlo a un nivel muy simplista, las ofrendas por el pecado eran una medida punitiva contra el pecador, así como un método para obligarlo a pensar en lo que había hecho. No hay ningún vudú místico en el que el acto del sacrificio de animales en realidad perdone el pecado de alguna manera".

Otro amigo judío me lo dejó claro. Él dijo: "Cuando a los judíos en el Antiguo Testamento se les ordenaba ofrecer un cordero, tenía que ser sin mancha. Esto significa que no podía ser cualquier cordero del rebaño. Había que criarlo por separado. Tenía que ser inspeccionado todos los días y cuidado. Había que mirarlo a los ojos. Este cordero tenía un *nombre*: era una mascota. Cuando lo ofrecías como sacrificio, *dolía*. Te costó algo. El propósito de los sacrificios no era apaciguar a Dios ni comprar el perdón. El propósito de los sacrificios era hacerte sentir el costo y el dolor de tu pecado. Dios es un Dios que perdona. No necesita sacrificios para perdonar los pecados, solo necesita que se lo pidan. Los sacrificios son para nosotros, no para él".

¿Y qué? ¿Por qué comparto todo este pensamiento judío? ¿Qué hacemos *con* esto? Permíteme concluir esta sección volviendo a centrarnos en Cristo. Si vemos su sacrificio como un apaciguamiento, para aplacar la ira de Dios, entonces estamos diciendo algo *nuevo*, algo que no dijeron ni los judíos ni los primeros cristianos. Si, por otro lado, vemos el sacrificio de Cristo como el mismo tipo de sacrificio que un padre amoroso hace por un hijo, entonces el sacrificio no es hacia Dios, sino un *acto desinteresado hecho para lograr algo*. Y el "algo", en este caso, es la eliminación del pecado. El Hijo de Dios asumió la humanidad, asumió nuestra enfermedad, asumió nuestra "herida", asumió nuestro pecado (la enfermedad espiritual) y nuestros pecados (los pensamientos, palabras y hechos impíos y erróneos que resultan de nuestra condición), asumió nuestra misma muerte, y los cargó a todos en la cruz. Él se sacrificó por nosotros. O, como dice el escritor de Hebreos, "Él quitó el pecado por el sacrificio de sí mismo" (9.23).

**Isaías 53**

Esta ha sido una respuesta terriblemente larga a tu carta (¡la cual no fue tan corta en sí misma!), así que si necesitas tomar un descanso y leer el resto de esto más tarde, lo entenderé. No hay necesidad de apresurar una respuesta. Pero como prometí, quiero hablar del pasaje de Isaías 53 que mencionaste. Cuando revisamos el pasaje a la luz de todo lo que he escrito aquí, comienza a tener un enfoque más claro, sin PSA. Tomaré sus viñetas e intentaré responderlas lo más brevemente que pueda.

• *Le tuvimos por herido, azotado por Dios...*

Este es bastante fácil. "le tuvimos por... azotado por Dios." No dice que fue herido por Dios, sino que así lo estimamos nosotros. Pero ¿qué significa "herido por Dios"? Significa cargar con las consecuencias de nuestros pecados, y Cristo cargó con las consecuencias de nuestros pecados, aunque no era un pecador. No fue un acto de apaciguamiento, fue un acto de rescate.

• *Sobre él fue el castigo que nos trajo la paz...*

Bastante fácil también. Está diciendo lo mismo que el primer punto, solo que con palabras diferentes. Pero trae a colación un punto importante. Hay una diferencia entre el castigo retributivo y el castigo. Un padre puede castigar a un hijo para enseñarle, para cambiarlo, para hacerlo mejor. Pero esto ciertamente no es punitivo ni retributivo. Al tomar nuestro pecado (y pecados) sobre sí mismo, Cristo sufrió las consecuencias de nuestro pecado. *The New American Standard Bible* (la traducción más precisa en el idioma inglés) traduce este pasaje, "El castigo *por nuestro bienestar* cayó sobre Él".

• *Jehová cargó en él el pecado de todos nosotros...*

¡También fácil! Nuestra condición pecaminosa (que heredamos de Adán) nos hace actuar con iniquidad, cometer pecados reales. Cristo tomó cada uno de nuestros pecados sobre sí mismo. "Al que no conoció pecado, por nosotros lo hizo pecado, para que nosotros fuésemos hechos justicia de Dios en él" (2 Corintios 5:21).

•*Azotado por la transgresión de mi pueblo...*

Golpeado, sí. ¿Pero por quién? ¿Dios? ¿O soldados romanos?

•*Fue la voluntad del Señor aplastarlo...*

De hecho, lo fue. Ese es el punto de todo lo que te he estado escribiendo. Fue la voluntad del Padre que el Hijo tomara nuestro pecado y las consecuencias de nuestro pecado (hasta e incluyendo la muerte) para proveer nuestro rescate, no para apaciguar a Dios.

•*Cuando su alma hace una ofrenda por la culpa...*

Finalmente, *somos* culpables de pecado, y su sacrificio de sí mismo nos hace ver el gran costo de nuestra maldad. Pero nuevamente, los sacrificios son *para nosotros*, no para Dios. Cristo se ofreció a sí mismo por nuestras culpas, y el sacrificio de su vida nos lleva a amarlo más, servirlo más y decir no a las cosas y caminos del mundo que se oponen a las cosas y caminos de Dios. San Pablo lo expresó de esta manera: "Porque la gracia de Dios se ha manifestado para salvación a todos los hombres, enseñándonos que, renunciando a la impiedad y a los deseos mundanos, vivamos en este siglo sobria, justa y piadosamente, aguardando la esperanza bienaventurada y la manifestación gloriosa de nuestro gran Dios y Salvador Jesucristo, quien se dio a sí mismo por nosotros para redimirnos de toda iniquidad y purificar para sí un pueblo propio, celoso de buenas obras." (Tito 2:11-14).

Bueno, mi amigo, espero que esta carta sea tan útil como lo larga que es. Debo admitir que estoy agotado al escribirla. ¡Espero que no te hayas agotado al leerla!

"Y ahora la *gracia* del Señor Jesucristo, el *amor* de Dios, y la *comunión* del Espíritu Santo estén con vosotros,"

Kenneth

# Capitulo Seis

# El Proceso De Ser Salvo

*Estimado Kenneth:*

*No te imaginas cuánto me ayudó esa última carta. Tienes toda la razón, ¡fue una lectura agotadora! No podía simplemente hojearlo, tenía que pensar cuidadosamente en cada línea de la carta, pero me aclaró mucho y me mostró cuán arraigados están nuestros prejuicios cuando se trata de leer las Escrituras. Supongo que esto es inevitable, pero creo, a la luz de lo que has escrito, que podré abordar otros pasajes problemáticos a medida que surjan, "a través de lentes nuevos", por así decirlo.*

*Tengo una pregunta final para ti, si fueras tan amable de darme una respuesta más. Esta pregunta realmente no se trata de teorías de la Expiación, pero creo que está algo relacionada. Me gustaría que compartieras tus pensamientos sobre el proceso de salvación. Mientras reflexionaba sobre lo que has compartido, algo ha comenzado a moverse en el fondo de mi mente. Me parece que en mi experiencia cristiana la salvación se ve como una cosa de una vez por todas. Lo que quiero decir es esto: con el enfoque de los PSA en Cristo "pagando nuestra deuda" o "sufriendo nuestro castigo", lo único que teníamos que hacer para "ser salvos" era aceptar ese hecho en nuestros corazones. Cuando aceptamos que somos pecadores en necesidad de un salvador, cuando aceptamos que Cristo ha "pagado" por nuestra salvación, entonces somos salvos. Sé que funciona de manera diferente en la comprensión de las diferentes iglesias, pero esa es esencialmente la idea. Acepto a Cristo como mi Señor y Salvador personal, y soy salvo. Estoy salvado del infierno y estoy destinado al cielo.*

*Pero si lo que dices es cierto (y ahora estoy convencido de que lo es), me parece que la salvación tiene que ser algo más que aceptar a Cristo, me parece que la salvación es más un proceso que un evento puntual. Lo que me lleva a esta conclusión fue algo que dijiste un par de veces, acerca de cómo Cristo es el antídoto contra el pecado y la muerte y que a medida que crecemos en la relación crecemos en la victoria sobre el pecado. Dijiste: "Aún no hemos sanado del todo. Pero estamos mejorando. El pecado está perdiendo su poder sobre nosotros. Y en el Último Día nos uniremos a Jesús en su victoria sobre la muerte".*

*¿Me harías el último favor de hablarme un poco sobre la salvación como proceso?*

*Gracias por todas tus palabras,*

*Andy*

*********************

Estimado Andy:

Sería un placer hablar un poco sobre el proceso de salvación, pero debo decirte que será solo un poco.

## ¿Salvado De Qué?

En gran parte del cristianismo moderno, la salvación se ha convertido en una cuestión de tener una tarjeta de "salir del infierno gratis". El objetivo de muchos predicadores es "hacer que la gente se salve", y con eso quieren decir que la gente "tome una decisión por Cristo" o "haga la oración del pecador" o "se bautice", para evitar ir al infierno cuando mueren y, en cambio, van al cielo.

Lo interesante es que esto no se encuentra en ninguno de los sermones apostólicos. Hay siete sermones predicados en el libro de los Hechos, por Esteban, Pedro y Pablo. Todos son sermones "evangelísticos", pero ninguno de ellos dice nada sobre el infierno. Nada. No estoy diciendo que no hay infierno, lo hay, pero estoy diciendo que este no era el mensaje de la predicación apostólica. ¿Cómo se ha convertido en el mensaje de tanta predicación y evangelismo modernos? Ahora, Andy, te prometo que no voy a seguir el camino del conejo, sino que le voy a echar un vistazo al camino: no solo ninguno de los sermones apostólicos dice nada acerca de ser salvado del infierno, en todos los escritos de Pablo no dice nada sobre el infierno, ni tampoco en los de Pedro, Juan, Santiago o Judas, solo dicen que Cristo fue allí y predicó el Evangelio. Perfecto. Fin del vistazo. Mi punto es que lo que se ha convertido en el enfoque singular del "mensaje de salvación" en gran parte del cristianismo moderno simplemente no era el punto en la predicación o enseñanza bíblica.

Si la salvación no se trata de "no ir al infierno y en su lugar ir al cielo", entonces ¿de qué se trata la salvación? En pocas palabras, es "ser conformados a la imagen de su Hijo" (Romanos 8:29).

Lo último que Jesús dijo a sus discípulos antes de ascender no fue: "Vayan a salvar a la gente del infierno". Él dijo: "Toda potestad me es dada en el cielo y en la tierra. Id, pues, y *haced discípulos* a todas las naciones, bautizándolos en el nombre del Padre y del Hijo y del Espíritu Santo, enseñándoles a guardar todo lo que os he mandado. Y he aquí, yo estaré con vosotros todos los días, hasta el fin del mundo" (Mateo 28:18-20).

"Id y haced discípulos". Esta fue la última orden de salida de Jesús para los Apóstoles, y esto es lo que hicieron durante su vida. Un discípulo no es alguien que ha rezado la oración del pecador o que ha tomado una decisión por Cristo. Un discípulo es alguien que es un seguidor de Jesús, que está siendo cambiado por Jesús y que está en una misión junto a Jesús.

El propósito de Dios para nosotros, su voluntad, es que seamos como Jesús, que crezcamos a su imagen, que crezcamos en *unión con Dios*. La Iglesia occidental lo llama *santificación*, pero esa palabra a menudo se ha leído como "no fumes, no bebas y no hagas otras cien cosas sobre las que la Biblia no dice nada, pero sobre las cuales tenemos reglas". En otras palabras, la santificación ha sido tomada como rehén con demasiada frecuencia por los legalistas, y el significado espiritual mismo de la palabra - ser santificado - se ha perdido. Oriente tiene otras dos palabras para el proceso, ambas mucho más impactantes pero mucho más precisas: *deificación* y *theosis*. Significan, rapidamente, no solo ser hechos *como* Dios, sino también Dios obrando en nosotros; no sólo en nuestro comportamiento, sino en nuestro ser.

La verdadera santificación, o theosis, o deificación, no sucede rezando una simple oración, tomando una decisión o siendo bautizado. Esto sucede como un proceso, durante un largo período de tiempo (el resto de nuestras vidas, e incluso después). De esto se trata "el Reino de Dios" (tema favorito de Jesús), y termina yendo más allá de nosotros como individuos como para impactar y transformar literalmente al mundo entero.

La salvación no es ser salvado del infierno. Aunque *estamos* salvados del infierno, ese no es el punto de la historia. Ni siquiera es el primer capítulo o el primer párrafo o incluso el prólogo del cuento. La salvación no se trata de ser salvo *del* infierno, se trata de ser apartado *para* Dios.

Víctor Anselmo Boso, mi amigo. Aqui termine. Ruego que nuestro intercambio de palabras haya sido bueno para ti y que dé muchos frutos en tu vida. Recuerda, amigo mío, "Dios es amor".

Kenneth

*********************

*Estimado Kenneth:*

*¡No tienes idea de cómo tu correspondencia conmigo ha cambiado todo! Sé que ya debe estar cansado de mis constantes respuestas y preguntas, pero tengo mucho que aprender y muchas preguntas por responder. Te*

*prometo que no seguiré con este aluvión de consultas, pero tengo una última solicitud. ¿Podría recomendarme algunos libros para seguir estudiando?*

*Gracias nuevamente por tomarse el tiempo para dialogar conmigo. Me ha ayudado inmensamente en mi camino en Cristo.*

*Tu amigo,*

*Andy*

**********************

Estimado Andy:

Será un placer recomendarle una variedad de libros. Probablemente podría darle cincuenta para leer, pero mantendré la lista en media docena.

•Alfayev, Hilarión; *El misterio de la fe,* Darton, Longman & Todd, 2002.

•Anselm of Canterbury, *The Major Works,* Oxford University Press, reeditado en 2008. Obviamente no estoy de acuerdo con Anselm, pero si quieres leer al pensador original sobre la teoría de la Satisfacción de la Expiación, este volumen incluye *Cur Deus Homo*.

•Carlton, Clark; *La vida: la doctrina ortodoxa de la salvación*, Regina Ortodoxa Press, 2000

•Myers, Kenneth; *Lo Que Los Cristianos Creen*, Mayeux Press, 2009.

•Renault, Alejandro J.; *Reconsideración de TULIP: una respuesta bíblica, filosófica e histórica a la doctrina reformada de la predestinación*, publicación propia, 2010.

•Schmemann, Alexander; *Para la vida del mundo*, St. Vladimir's Seminary Press, 1973.

Además de estos, no puedo alentarlo lo suficiente para que simplemente comience a sumergirse en los escritos de los Padres de la Iglesia Primitiva.

Feliz lectura,

Ken

# Sobre el autor

Kenneth Myers nació en 1959 en Denison, Texas. Hijo de un pastor/misionero, se casó con Shirley McSorley en 1977. Tienen tres hijos y cinco nietos. Es obispo anglicano en Sherman, Texas.

www.kennethmyers.net

www.ingramcontent.com/pod-product-compliance
Ingram Content Group UK Ltd.
Pitfield, Milton Keynes, MK11 3LW, UK
UKHW021657190726
13853UKWH00001B/320

9 798420 015339